Liderança para fazer acontecer

Liderança
para fazer acontecer

José Luiz Tejon

Editora Gente

Editora
Rosely M. Boschini

Coordenação editorial
Renata Carraro

Assistente editorial
Rosângela Barbosa

Produção
Marcelo S. Almeida

Projeto gráfico
Neide Siqueira

Preparação
Valquiria Della Pozza

Revisão
Simone Zaccarias

Capa
Daniel Ranpazzo

Diagramação e fotolitos
Join Bureau

Rua Pedro Soares de Almeida, 114
São Paulo, SP - CEP 05029-030
Telefone: (11) 3670-2500
Site: http://www.editoragente.com.br
E-mail: gente@editoragente.com.br

Dados Internacionais de Catalogação na Publicação (CIP)
(Câmara Brasileira do Livro, SP, Brasil)

Tejon, José Luiz
Liderança para fazer acontecer / José Luiz Tejon. — São Paulo : Editora Gente, 2006.

Bibliografia
ISBN 85-7312-499-7

1. Desempenho 2. Liderança 3. Pessoal – Motivação 4. Sucesso profissional
I. Título.

06-3576 CDD-658.4

Índices para catálogo sistemático:

1. Liderança : Empresas : Administração executiva 658.4

Agradecimentos

A Roberto Shinyashiki, que contribuiu intensamente para este livro.

Aqui cabe um parêntese: Roberto e eu realizamos a Academia de Líderes, um seminário avançado sobre liderança com oito horas de duração, em várias cidades do Brasil. Esse projeto foi realizado nos anos de 2004, 2005 e 2006, com grande sucesso, ao lado de outros palestrantes sensacionais.

Parte do conteúdo da Academia está inserida nesta obra. Roberto já havia preparado um vasto material para o seu trabalho *Liderança em Tempos de Tempestade,* que também está aqui. Gustavo Cerbasi contribuiu com sugestões na área de finanças e Eduardo Shinyashiki, em focos comportamentais.

Na realidade, então, este livro é fruto da iniciativa de muitos e de inspirações decisivas de todos, principalmente do querido amigo e especial escritor Roberto Shinyashiki.

* * *

Aos leitores que me acompanham em todos esses anos e me motivam a buscar sempre a superação.

Aos participantes de minhas palestras, meus alunos e colaboradores, que me ajudaram, com suas opiniões e questionamentos, na concepção e no desenvolvimento deste livro.

A todas as pessoas que leram os originais e contribuíram, com suas sugestões, para o aprimoramento do texto. Aos convidados especiais que inscreveram neste livro seus depoimentos sobre o sentido da liderança:

Ailton C. Leite
Edson Arantes do Nascimento – Pelé
Eduardo Nuno Ferreira de Sousa
Francisco Gracioso
Jô Clemente
João Carlos Martins
Karina Susana Mizrahi
Luiz Sebastião Sandoval
Marcos Cobra
Roberto Macedo

Aos líderes que impregnaram a minha vida: gente da escola, professores, amigos da minha rua, pessoas que meu pai e minha mãe mostravam para mim quando pequeno. "Seu" Santos, dono do posto de gasolina da minha rua; "seu" Barsotti, administrador da Portuguesa Santista; "seu" Marçal, um comerciante exemplar; "seu" Pontual, grande arquiteto; "seu" João, o primeiro patrão; Carlos Pinto, líder do nosso teatro; Nestor, o segundo patrão; Dias, valoroso motorista da avícola; "seu" Amorim, pai de uma bela família; dona Justina, que me deu todos os livros da infância; Benito, que levava minha música adiante; Beto, que me empurrava para o palco; dona Helena, que salvou minha vida quando eu tinha 4 anos de idade;

tio Salgueirosa, que me entusiasmava com a sua oficina de automóveis Jaguar... Depois, já adulto, muitas outras pessoas, tanta gente essencial.

À equipe da Editora Gente, pela parceria e pelo empenho em construirmos juntos um time de líderes. Em especial a Renata Carraro, que trabalhou comigo neste texto.

A Sandra Pascoal e Edmea Urbano Sanchez, meus braços na vida real.

A todos os companheiros de viagem no ambiente corporativo e acadêmico ao longo de mais de trinta anos de vivência, e aos líderes invisíveis que teimam em continuar me orientando.

Muito obrigado!
José Luiz Tejon

"Liderança é comandar com seus exemplos e atitudes."

Pelé

"Enquanto preparávamos uma nova campanha publicitária com Edson Arantes do Nascimento, o Pelé, nós nos reunimos e trocamos belas idéias sobre a liderança e seus desafios. Eis o que ele me disse:

"Liderar é dar o exemplo em si. Isso não significa falar muito ou ser o melhor de todos. No time do Santos da minha época, o Zito era o capitão – o que pegava duro, chamava todos na 'moral', brigava e também era nosso 'paizão'. Ele era o líder.

Fora do esporte minha admiração fica com Nelson Mandela. Saiu de uma prisão, isolado, onde esteve por quase 28 anos, indo direto para a Presidência da África do Sul. Que poder de meditação, reflexão, que capacidade de lutar contra o desânimo e a acomodação! Dentro do esporte meu ídolo é Jesse Owens, corredor norte-americano que levou quatro medalhas de ouro nas Olimpíadas de Berlim em 1936. Por ele ser negro, Hitler teria se recusado a cumprimentá-lo por seu feito. Owens serviu como um símbolo constante e permanente de resistência contra as idéias nazistas. Na história mundial, sem dúvida, Martin Luther King, como exemplo em si mesmo da causa anti-racismo e pela busca dos direitos dos negros nos Estados Unidos. São verdadeiras e reais personalidades que exemplificam o melhor de uma liderança.

Na minha vida, assumi a liderança na Copa de 1970, no México. Eu e a maioria dos jogadores estávamos conscientes de que seria nossa última Copa. Eu já havia prometido parar. Além disso, precisava vencer um problema que persistia na minha carreira desde o início: fui para a seleção de 1958 machucado, depois me reabilitei e joguei. Em 1962 e em 1966 voltei a me contundir gravemente.

Portanto, aquela não seria apenas minha última Copa, seria também a que eu queria jogar inteirinha e precisava ganhar. Era preciso romper com uma sina de contusões em todas as copas.

Eu era o mais velho, e decidi carregar o peso da liderança. Comecei a fazer grupos de oração. Orávamos todos os dias. No começo apenas alguns oravam comigo, mas logo depois todos passamos a fazer das orações conjuntas nossa força. Tínhamos uma união espetacular, e aquelas orações nos fortaleciam e nos uniam mais ainda.

Para mim, liderar é dar o exemplo em si mesmo. É nato, difícil explicar!"

Edson Arantes do Nascimento, o Pelé

Sumário

Prefácio

Em *Liderança para Fazer Acontecer*, Tejon nos dá uma aula sobre o tema liderança, que tem sido objeto de estudos, teses e questionamentos de trabalhos de universidades e mestres da administração. Os conceitos contidos neste livro ajudam em muito a compreensão sobre liderança, muitas vezes confundida com chefia ou comando.

Tenho para comigo, sem ainda mergulhar no tema, que em tudo existem o real, o imaginário e a fantasia. Essas três dimensões atuam para confundir o entendimento da matéria, com a colaboração das pessoas comuns, cada um com seu ponto de vista e todos com sua própria percepção sobre os outros. À distância, as pessoas comuns vêem de diversas maneiras homens públicos, políticos, empresários, escritores, misturando o real com a fantasia e o imaginário.

No caso do brasileiro, apenas exemplificando, Getúlio Vargas certamente é um líder no imaginário de muita gente que nem sequer sabe de sua obra e carreira. O ex-presidente Jânio Quadros, por sua vez, encontra-se muito mais no campo da fantasia que no real, enquanto o presidente Lula é um líder no campo real, estando presente no cotidiano dos brasileiros, pelo seu carisma e pela capacidade de convencer grande parte do povo, que ainda o vê como o “salvador da pátria”.

Aí é que entram os rótulos, títulos e denominações para aumentar a confusão e embaralhar o entendimento sobre o assunto. Presidente, diretor, gerente, chefe, cacique, general: são todos líderes?

A resposta é não, ou melhor, não necessariamente.

O comando de um núcleo empresarial, familiar ou militar não faz do comandante necessariamente um líder. Para sê-lo, o agente deve possuir outras qualidades, tais como carisma e poder de sedução. E é justamente isso que Tejon se esforça para demonstrar.

Se numa prova de vestibular houvesse a seguinte pergunta:

Jesus Cristo foi:
1 – um emissário de Deus
2 – um santo
3 – um líder

Garanto que teríamos um terço das respostas para cada alternativa, o que embasaria a tese que defendo.

Outra questão para confundir ainda mais o que parece ser muito simples: líder é só aquele que cria, ou o que cria e comanda, ou ainda aquele que estimula a criatividade e delega o comando, com a sabedoria daqueles que sabem escolher seus homens?

Outra questão para se pensar: líderes são sempre vitoriosos ou também fracassam?

Poderia avançar nessas questões, mas, em homenagem à tentativa de elucidação que a obra de Tejon contém, atenho-me a repetir que é da natureza humana fantasiar a respeito daquilo que não conhece ou, por motivos religiosos, preconceitos etc., criar em seu imaginário santos, heróis, ídolos e figuras fantásticas que se confundem com líderes.

Por exemplo, o jogador Romário, citado pelo companheiro Tejon, provocou enorme celeuma em torno de sua convocação para a equipe brasileira que disputaria a Copa de 2002. À época, perguntei a um grupo de profissionais que comigo participavam de um café-da-manhã se eles convocariam aquele craque para a Seleção Brasileira.

As respostas foram diversas, e houve quem afirmasse que Romário deveria ser convocado por se tratar de um líder. A maioria não concordou, afirmando que se tratava de um grande jogador de futebol, mas jamais um líder. Faltavam-lhe o dom da admiração e o respeito que um líder deve ter do grupo a que pertence.

Aí temos uma interessante conclusão: aquele que provoca celeumas, confusões e até o caos, sem que disso resulte uma nova obra, um novo caminho ou um novo mundo, jamais poderá ser considerado um líder.

Quanto à outra questão, entendo que os líderes também fracassam. Quando se fala em fracasso estamos nos referindo à não realização do objetivo propugnado, e não ao líder como pessoa.

Lembro-me de que o profissional, empreendedor e líder Osires Silva, quando assumiu a presidência da Varig com o objetivo de recuperá-la e, depois de algum tempo, afastou-se dela sem ter alcançado o seu intento, deixou patente para todos que não tinha fracassado, mas que não tivera o apoio da Fundação Rubem Berta e do conselho da companhia para implementar seu plano de ação. Esse episódio nem sequer arranhou a imponente figura do líder e mestre Osires.

Líder, portanto, é aquele que se torna admirado por seu trabalho de condução de um grupo de pessoas. É visto como aquele que pode mudar o rumo das coisas e construir o futuro.

Com o crescimento econômico do Brasil nos últimos cinqüenta anos, movido pela industrialização do país no período pós-guerra, muitos líderes surgiram no cenário empresarial brasileiro, superando até o prestígio de grandes líderes políticos. Na impossibilidade de citar um a um, homenageio todos na figura do líder e primeiro grande empreendedor brasileiro: Visconde de Mauá.

Na sua época, o processo de industrialização do país encontrava-se estagnado em decorrência de vários fatores, entre eles a carência de mão-de-obra livre e a economia latifundiária. Opondo-se a tais obstáculos, o Barão, e depois Visconde de Mauá, liderou a construção daquela que seria a estrutura industrial do país, destacando-se de sua obra a estrada de ferro Santos-Jundiaí, a Companhia de Iluminação a Gás do Rio de Janeiro, o Banco do Brasil e o cabo submarino ligando a Europa ao Brasil. A presença do Visconde de Mauá na vida econômica brasileira do século XIX mudou o futuro do país com a nova visão que o Brasil passou a ter de si mesmo.

Retorno à obra de Tejon para congratular-me com os felizardos que tiverem a oportunidade de saborear seus ensinamentos e desfrutar de sua sabedoria.

Obrigado, amigo Tejon, por mais essa contribuição a nossos jovens e a nós todos.

Luis Sebastião Sandoval
Presidente do Grupo Silvio Santos

Introdução

Num encontro com o escritor e guru internacional da liderança Stephen Covey, perguntei a ele qual era a síntese do líder:

– Um leme – ele respondeu.

E acrescentei:

– Qual a exigência atual para ser um bom líder?

– Entregar resultados – ele disse.

A função do leme é orientar. Alterar a rota. Se o leme for curto demais, o navio não desvia a tempo. E afunda, como aconteceu com o Titanic.

A velocidade foi a grande mudança, isoladamente, do século XX. Estamos *on-line, in the air,* conectados, acessíveis, acessados, numa rotação de sete dias por semana, 24 horas por dia. O novo líder precisa ser o leme dos negócios, das obras, da família, da sua vida e entregar resultados. Fazer acontecer. E tudo isso, em alta velocidade, pilotando acima do limite.

Certa vez, participei de uma reunião de altos executivos e consultores na África do Sul. Havia um consenso sobre o perfil do executivo jovem e de sucesso do presente: uma pessoa muito ambiciosa, que dá saltos impactantes no lucro, veloz no cargo e naquela posição, que atua como sendo o centro do universo da empresa. Busca fama, notoriedade. Não basta ser alguém. Precisa ser alguém famoso.

Esse perfil é contraditório aos macrofundamentos da liderança: trabalhar para a causa. Atuar com a agenda da empresa, e não a sua pessoal. Tornar a obra famosa, e não a si próprio. Construir equipes. Ser consistente e profundo.

Hoje em dia temos muito mais uma escola de executivos famosos do que uma escola de líderes.

Os líderes não nascem prontos; são forjados desde o berço. Liderança implica sempre em discernimento. Julgamento. Conflitos íntimos e existenciais. Discussões éticas. Por exemplo: você protege a margem de lucro prometida quando as vendas não vão bem, sacrificando qualidade, ou negocia lucros menores momentaneamente, a fim de resgatar vendas no futuro?

Você aprende a fazer o que não gosta, o que é difícil e desagradável, com o intuito de atingir o objetivo final, ou desiste diante das dificuldades no meio do caminho?

Sempre tivemos líderes famosos e notórios na história, como Alexandre, o Grande, Henry Ford, Visconde de Mauá, Bill Gates, José Bonifácio, Juscelino Kubitschek, Che Guevara, Simon Bolívar. E sempre tivemos milhões de líderes anônimos. Desconhecidos. Pessoas que lideraram e lideram situacionalmente múltiplas questões e que não são percebidas por nós e pelo mundo.

Numa visita a uma grande empresa do Sul do país, conheci um programa de qualidade em andamento. Uma mulher que trabalhava na montagem de peças deu uma idéia que resultou em milhões de reais de lucro, simplesmente pela recomendação de usar o mesmo parafuso em vez de dois para fixar um componente. Na sua especialidade, aquela senhora é uma líder.

Somos ou não líderes na vida, dependendo das nossas atitudes. De como vemos o mundo que nos cerca. Se o enxergamos como oportunidade para transformação, mudança, melhoria, evolução, somos líderes. Se ficamos passivos, como pacientes e telespectadores, podemos até ser fiéis executores, porém não lideramos.

Liderar significa atuar consciente da sua capacidade de transformar o mundo externo. Se para melhor ou para pior, é outra questão. A ética e o tempo respondem.

Um pequeno líder atua sobre uma causa de poucas relações. Simples. Um grande líder atua na convergência de interações, na aglutinação de pequenas coisas que reunidas alavancam profundas mudanças.

Nelson Mandela ficou por quase 28 anos preso na África do Sul. Sua cela de 1,5 metro por 2,2 metros era seu universo. Muitas ofertas de ser libertado foram feitas, com a condição de que ele abrisse mão de suas convicções. Nunca foram aceitas.

Ele vivia com uma certeza poderosa, inexplicável, uma fé absoluta no seu rumo. No seu destino. O leme de Mandela nunca o desviava daquele "norte" definido. O tormento da prisão parecia aumentar ainda mais as suas forças mentais e espirituais. Por ironia, enquanto outros líderes do movimento anti-*apartheid* sul-africano eram abatidos ao longo do tempo, Mandela ficava como que "protegido" dentro da cadeia.

Num belo dia, eis que chega ao fim o regime separatista entre brancos e negros. Então, do fundo da prisão, surge Nelson Mandela: novo presidente de um país livre e cada vez mais próspero no cenário mundial.

Liderança é mais uma forma de atuar do que um discurso. Ela se torna perceptível muito mais no comportamento da equipe do que nos treinamentos a ela oferecidos. Liderança é a arte de orquestrar, sensibilizar, capacitar. Quero fazer um convite a você, que está lendo este texto neste instante, para refletir comigo:

Liderança não é simplesmente o conjunto das idéias que você apresenta em reuniões, mas a maneira como convida todos a participar da estratégia da empresa.

Liderança não são as pessoas que você cita, mas o modo como reage quando as coisas não acontecem conforme o planejado.

Liderança não é o seminário maravilhoso a que você assistiu, mas a maneira como as pessoas se sentem quando você chega à empresa.

Liderança não é um projeto elaborado pela diretoria, mas o orgulho que as pessoas têm de trabalhar na empresa e de dedicar grande parte do tempo a um objetivo coletivo.

Liderança não é tão-somente fazer uma apresentação para os colaboradores, mas o sorriso deles quando chegam para trabalhar e os comentários que tecem sobre você no almoço de domingo com a família.

Liderança não são os livros que você lê, mas quanto do que aprende neles consegue pôr em prática.

Liderança não são simplesmente as idéias que você tem, mas as histórias que as pessoas contam de como, em conjunto, superaram dificuldades no passado e vão enfrentar os desafios no futuro.

Liderança não é a apresentação que você faz da carta de valores da empresa, mas sua atitude em relação aos colaboradores.

Liderança não é o que você pensa que sua empresa deveria ser, mas o que as pessoas comentam com os novos colaboradores sobre a possibilidade de confiar na palavra do líder.

Liderança não é um livro que você dá a toda a equipe, mas o jeito de as pessoas se sentirem protegidas ao pedir que você

interceda e fale com um cliente sobre um negócio que não está evoluindo.

Liderança não é a apresentação do plano estratégico, mas a maneira como você toma as decisões nos momentos de angústia.

Liderança é a qualidade do trabalho realizado quando você sai de férias e, sobretudo, a tranqüilidade de você poder sair de férias porque confia em sua equipe.

Liderança é o que permanece quando você está ausente. Liderança é invisível.

De verdade, estou cansado de discursos bonitos sobre liderança. O que realmente importa é a presença forte da liderança no dia-a-dia da empresa. Que a liderança realmente se manifeste nas conversas das pessoas que trabalham com você. Isso é liderança pra valer!

Você possui o potencial para ser o líder de que sua empresa precisa, mas deve mostrar isso todos os dias. O líder é responsável pelo que faz, pelo que não faz e, principalmente, pelo que impede de fazer! Não me lembro do nome do autor dessa frase, mas ela é perfeita para ressaltar a importância da presença ou da ausência da liderança nas organizações.

Lembre-se: você é o responsável pelo que acontece com seu grupo. Se as coisas não estão saindo como deveriam, só uma pessoa precisa mudar: você!

Você é o referencial que as pessoas de sua equipe observam todos os dias para saber o que deve prevalecer. Se é preciso mudar algo, olhe para dentro de si. Antes de pensar em demitir alguém, perceba que você é o começo de tudo e que as coisas só vão mudar se você mudar.

Este livro não pretende ser o mais completo nem o mais profundo trabalho sobre o tema da liderança. Ele é o resultado de minhas preocupações quanto às conseqüências da falta de líderes para o projeto de crescimento das empresas, da sociedade. Sua finalidade é bem simples: mostrar os pontos-chave da liderança e levar você a realizar um diagnóstico sobre seu conhecimento da empresa para ser o líder de que ela necessita.

Meu objetivo é ajudá-lo a se tornar um verdadeiro líder, confiante em sua capacidade de evoluir e de criar líderes em sua empresa, nas instituições, na sociedade e na própria vida.

Eu acredito firmemente que isso é possível e que você é capaz de executar essa transformação.

Uma sugestão especial para aproveitar melhor este livro

Tenho observado que os líderes de sucesso não são obrigatoriamente aqueles que detêm mais conhecimentos, e sim os que conseguem pôr em prática o que aprendem. Alguns exemplos que me vêm à mente são: Alair Martins, dono do Martins Atacadista; Silvio Santos, fundador do SBT; Salim Matar, presidente da Localiza; Shunji Nishimura, fundador da Jacto; Alexandrino Garcia, criador do Grupo Algar; Luiz Sandoval, presidente do Grupo Silvio Santos; Natalino Bertin, do Grupo Bertin; Jairo Quartiero, presidente da Camil; Edimilson Cardial, criador da Editora Segmento; Edmilton Ribeiro, dono do Ponto do Acarajé; Leonardo Lamartine, proprietário da Rede Bonaparte; Paulo Henrique Martins, dono do Colégio Ph; Antonio Secundino, fundador da Agroceres; e tantos outros por este Brasil afora.

Não adianta saber muito se você não for capaz de implantar esse conhecimento em sua organização. Por isso, não se limite a ler este livro, mas utilize-o, isso sim, como instrumento de reflexão sobre você e sua empresa. Mais: como um guia para elaborar um plano de capacitação e ação profissional.

Indivíduos com conhecimento mas sem iniciativa são hoje totalmente dispensáveis, ao contrário daqueles que buscam idéias e conseguem realizar mudanças. Esses são os mais valorizados pelas empresas.

Em meio a tantas reflexões, você deve estar se perguntando por onde começar. Não se preocupe: esta obra foi elaborada justamente para ajudá-lo a traçar o mapa que conduzirá você e sua empresa a alcançar as metas determinadas. Na primeira parte, há a apresentação de um panorama global do processo de mudanças vivenciado pelas organizações na atualidade e as competências da liderança. Na segunda parte, com a ajuda do Sigra (Sistema de Gerenciamento de Recursos e Aptidões), você vai fazer um *check-up* de sua empresa e de sua vida profissional para que possa enfrentar e vencer os desafios impostos. Na terceira e última parte, o livro traz uma série de idéias para você aprimorar o relacionamento com sua equipe.

Há muitos anos venho trabalhando com milhares de alunos ligados a empresas, algumas em pleno apogeu, outras em busca de ajuda para superar dificuldades. Entre aquelas que estavam no auge, algumas cresceram ainda mais, outras declinaram... Entre as que enfrentavam adversidades, houve as que retomaram o crescimento, enquanto outras naufragaram definitivamente. Em cada uma delas, procurei analisar os pontos fracos, os pontos fortes e, sobretudo, os desafios que seus líderes enfrentaram para prosseguir com o crescimento da empresa. Um longo trabalho de pesquisa e entrevistas foi realizado até chegarmos a este texto, que, ao mesmo tempo, faz um diagnóstico dos caminhos a trilhar e oferece orientação sobre eles.

Prepare-se! Essa proposta vai exigir de você quatro qualidades muito especiais: consciência, humildade, coragem e sabedoria.

Consciência para localizar a verdade. Humildade para aceitar as verdades desagradáveis mostradas por sua consciência. Coragem para enfrentar os novos desafios. Sabedoria para continuar mesmo quando os resultados não forem os desejados. Os 3 Hs do grande líder são: humildade, humanidade e humor para rir de si mesmo, principalmente.

Aproveitar bem este livro significa preencher os questionários propostos, fazer o diagnóstico adequado de suas competências e refletir muito sobre o que encontrou. Procure lê-lo junto com colegas de trabalho ou com os sócios e conversar bastante com eles sobre suas descobertas. Elabore um plano de evolução e, principalmente, ponha tudo o que decidir em ação. De tempos em tempos, analise o que você conseguiu melhorar em sua empresa e em sua forma de liderar. Certamente, o maior desafio de um líder é liderar a si próprio.

Evolua sempre que quiser conquistar algo maior: essa é a maior lição que aprendi conversando com os líderes que admiro. Quando quiser mudar algo, comece por você mesmo!

Parte 1

Procuram-se líderes que criem lideranças

Faltam líderes no mercado de trabalho. Isso tem ocorrido pela falta absoluta da competência de liderança nos profissionais. Há pouquíssimo tempo, as empresas precisavam somente de um líder, que era o dono do negócio, e muitos funcionários obedientes. Quem procurava ter pensamento próprio e ousava enfrentar o chefe era visto como candidato à demissão.

À medida que o mundo dos negócios foi se tornando mais complexo e competitivo, os empresários começaram a perceber que o profissional que sabe apenas obedecer é uma catástrofe para o negócio. Foram também se dando conta de que precisavam de pessoas capazes de detectar as mudanças, encontrar opções para atingir as metas, pensar em novos projetos, buscar gente competente para realizá-los e, acima de tudo, inspirar a equipe para manter a confiança em sua capacidade de subir ao pódio.

Ao procurar esses profissionais no mercado de trabalho, os empresários não os encontraram. E continuam percebendo que eles são seres raros. A maioria está feliz em empresas que valorizam sua aptidão para liderar projetos. Descobre-se que os poucos líderes disponíveis são pessoas competentes que não encontraram espaço para atuar em empresas cujos chefes eram inseguros para admitir profissionais que pensavam. Por outro lado, a maior parte dos profissionais, infelizmente, ainda acredita que pensar não é tarefa deles. Muitos imaginam que, se obedecerem a ordens, estarão com o emprego assegurado.

Nas conversas com presidentes de empresa, eles me falam da dificuldade de localizar profissionais capazes de liderar. Nos encontros com executivos, colaboradores, operários, por sua vez, eles expõem os obstáculos para se tornarem os líderes de que suas empresas precisam.

Muitas pessoas me perguntam se a capacidade de liderar é um talento genético ou uma habilidade adquirida. Os dois! Uma pessoa pode ter capacidade de empreender um novo projeto, mas esse dom, sem disciplina nem conhecimento, se transforma em desperdício, pois o profissional não consegue concretizar suas idéias. É aí que surge a capacitação para a liderança.

É lógico que nascer com talento é sensacional! Nascer com a visão de gol do Romário é maravilhoso, mas você pode ser um guerreiro como Dunga e também criar uma história de sucesso. Por isso mesmo Carlos Alberto Parreira, técnico da Seleção Brasileira de Futebol tetracampeã mundial em 1994, pôs os dois no mesmo quarto na concentração durante os jogos. E o fato de ter ambos no mesmo time é que permitiu vencer o campeonato. Observe que nas seleções brasileiras campeãs de mundiais o capitão nunca foi a estrela, porém o que conduzia a equipe como um todo: Belini, Mauro Ramos, Carlos Alberto, Dunga e Cafu.

Durante um seminário alguém me fez a seguinte pergunta: "Se eu não for líder, posso ter uma carreira de sucesso?". Claro que pode, mas precisa se capacitar. É mais fácil ser um diretor de sucesso sem saber usar computador do que sem a capacidade de liderar uma equipe.

Um exemplo muito comum de falta de liderança nas organizações: um cientista descobre uma fórmula maravilhosa de pigmentos para colorir tecidos e monta uma empresa, que se transforma em um caso de sucesso. Mas ele não consegue tornar-se o líder que o empreendimento exige. Para piorar, não abre mão de seu estilo centralizador. Quando a empresa enfrenta uma situação crítica, sai em busca de um profissional com capacidade de liderança, mas não consegue atraí-lo. Todos sabem como vai ser o fim dessa história.

No oposto disso, pessoas altamente criativas como Jerry Yang e David Filo, do Yahoo, e Larry Page e Sergey Brin, do Google, tiveram seus projetos rejeitados por executivos de grandes organizações a quem ofereceram essas minas de ouro. A ausência de liderança naquelas corporações fez com que elas perdessem esses dois mágicos negócios.

Outro exemplo freqüente é o do grande vendedor que é promovido a gerente de vendas mas não consegue liderar a equipe, e acaba sendo demitido. É possível, sim, ter uma carreira de sucesso sem ser líder, mas é impossível sem a capacitação da liderança. Em algum ponto, por mais talento individual que você tenha, a falta de equipe será fatal! Se esse é o seu caso, penso que seria maravilhoso você trabalhar para desenvolver essa competência.

Algumas organizações contam com pessoas competentes, motivadas e integradas a seu projeto – conscientes da estratégia do grupo e fãs de seus líderes. Infelizmente, em outras há pessoas desmotivadas, sem nenhum compromisso com a empresa, loucas por um convite para trabalhar em outro lugar e com total desprezo por seus comandantes.

Não é preciso ser professor para perceber quando uma empresa tem ou não liderança. Nos restaurantes, é só observar a roupa dos garçons e sua forma de tratar os clientes. Nos hospitais, é fácil notar quando as enfermeiras olham nos olhos dos pacientes e familiares ao falar com eles. O líder na empresa é como uma grande quituteira, que junta a farinha, os ovos, o leite e o fermento e faz um bolo inesquecível. Já o falso líder junta os mesmos ingredientes e cozinha um "tijolo" impossível de ser saboreado.

Fico admirado como líderes incompetentes conseguem destruir empresas maravilhosas e como pessoas capazes conseguem transformar empresas à beira da falência em modelos de competência. Outro dia, num seminário da Associação Nacional dos Executivos de Finanças, Administração e Contabilidade (Anefac), reencontrei um velho amigo com quem tinha trabalhado anos antes. Naquele tempo ele era um auditor. Agora é presidente de uma empresa. Ele especializou-se em atuar em organizações praticamente falidas. Empresas semidestruídas por causa de brigas familiares, incompetência e inimigos internos e que quase perderam a galinha dos ovos de ouro. Esse amigo sente imenso prazer em pegar empresas quebradas e resgatá-las.

Perguntei:

– Quais são suas principais atitudes ao chegar ao local de seu novo desafio? Como é, afinal, presidir um grupo desmoralizado e quebrado?

Segundo ele, primeiro é preciso tirar os ex-líderes ou dirigentes de qualquer contato com o novo ambiente. Segundo, chamar as pessoas da empresa para compor times de trabalho e "destampar o garrafão", uma expressão que ele mesmo usou e que significa incentivar os próprios funcionários a pensar em saídas para a situação da companhia. É surpreendente, disse ele, a quantidade de idéias que surgem. Alternativas vislumbradas por pessoas que, até então, eram meras subordinadas e jamais sonharam poder contribuir com a empresa num nível assim. E o terceiro ponto é renegociar todos os contratos, pagamentos e literalmente "sentar" no caixa da companhia.

– Mas o que é fundamental mesmo nisso tudo? – perguntei de novo.

Resgatar a confiança de todos: funcionários, revendedores, fornecedores, credores – concluiu meu amigo. Segundo ele, é espetacular o que acontece nesses lugares praticamente quebrados. O amor à causa, a união, a garra, a participação. Meu amigo não conhece nenhum lugar cheio de dinheiro, com orçamentos folgados, que tenha a mesma vontade de viver e voltar a crescer que essas empresas quase falidas, onde é preciso buscar forças lá no fundo do poço.

– E os líderes para essas empresas, como devem ser? – perguntei.

Ele não teve dúvidas ao afirmar que pessoas acostumadas a trabalhar em locais em que tudo é certinho, não falta dinheiro e tudo está legal não servem para a nova situação. E finalizou:

– E conto com pessoas que são apaixonadas por situações difíceis, indesejáveis e que quase ninguém quer vivenciar. Pessoas que dificilmente estarão na capa de revistas da moda!

São os líderes, por meio da liderança, que criam as estratégias, motivam as pessoas, comprometem os clientes e os fornecedores e fazem o sucesso da organização. A empresa sem líderes só consegue criar desculpas para o fracasso.

São os líderes que percebem as mudanças no cenário, escolhem as melhores opções tecnológicas e humanas, motivam as pessoas e criam equipes. São eles principalmente que aceitam participar desse processo de mudança com honestidade e coragem.

1
O novo líder

"A medida final de um homem não é onde ele fica
nos momentos de conforto e conveniência,
mas onde fica em fases de desafio e controvérsias."

Martin Luther King, Jr.

Por que Sérgio Vieira de Mello, embaixador brasileiro no Iraque, morto em 2004, foi exemplo de um grande líder?

Mais do que todas as afirmações de como ele era especial, um acontecimento me mostrou de que tipo de pessoa estamos falando. Em entrevista a uma rede de televisão, um bombeiro que socorreu as vítimas do ataque terrorista contou os últimos diálogos de Vieira de Mello nas quatro horas em que ficou sob os escombros do prédio que servia de sede da ONU (Organização das Nações Unidas), entidade na qual era representante especial para o Iraque.

Sua morte não foi imediata, como se pensou a princípio. Nessas quatro horas, Vieira de Mello falou quatro vezes com a equipe de resgate. Na primeira, orientou a equipe a cuidar de uma assistente, pois era diabética e, certamente, não suportaria os ferimentos por muito tempo. O segundo pronunciamento do diplomata brasileiro foi ao escutar os chamados de outro assistente que havia acabado de sofrer um enfarte. Mandou que os bombeiros cuidassem do funcionário, caso contrário também não resistiria.

Enquanto se encaminhava para a morte, Vieira de Mello solicitou aos bombeiros que cuidassem de seus assistentes. Muitos que se autodenominam líderes diriam: "Estou morrendo e ninguém olha para mim". Ele se preocupou primeiro com seus colaboradores, mesmo que isso significasse sua morte. Um verdadeiro espírito de serviço.

E as duas últimas declarações do diplomata? Já sob efeito da hemorragia interna e de sedativos, pediu que lembrassem a seus filhos que fossem pessoas de bem e de princípios. Por fim, quis que dissessem a eles que os amava muito.

É um episódio que merece reflexão. O novo líder precisa ter sempre em mente que sua função é servir à equipe e cuidar bem dela.

Além disso, o líder desenvolve virtudes. Aqui estão quatro pontos essenciais para um líder atual promover a liderança, os chamados 4 As:

Aprender: o líder é o que aprende sempre em qualquer situação. Mesmo onde os outros não enxergam nada, ele tira lições.

Atender: o líder é o que desenvolve o prazer pelo atendimento aos outros. O líder servidor.

Acreditar: o líder crê para ver, ao contrário dos comuns que precisam ver antes para crer.

Animar: o líder é entusiasmado e entusiasma.

Pense nisso: quando você diz "Eu quero ser líder", "Eu quero ser gerente", "Eu quero ser diretor", "Eu quero ser presidente", não está falando sobre ter mais poder sobre as pessoas. Na verdade, está falando: "Eu quero servir a mais gente".

"Eu nunca consegui ter algum sucesso na recuperação de empresas trabalhando sozinho, sem o apoio da equipe. Também nunca pude construir nada com a equipe desmotivada.

Fui obrigado a compreender muito bem como me comunicar com a equipe de forma absoluta e completa antes mesmo de avaliar os números da empresa. Percebi que os números, no balanço contábil, são apenas os resultados daquilo que a equipe está fazendo. Os funcionários é que são a empresa de fato. Se eles não estão bem, a empresa não está bem. Se eles estiverem bem, com certeza a empresa estará no caminho do crescimento.

Não se combatem as deficiências pelo final. Temos de buscar o acerto na origem, ou seja, acertar primeiro a equipe. O resto virá naturalmente como conseqüência.

Inúmeras vezes obtive resultados positivos para problemas tidos como impossíveis de serem resolvidos. Quando todo o time se reuniu e uniu forças, as soluções apareceram de todos os lados. Bastou apenas ordená-las, dar autonomia e incentivar. O resto foi só comemorar!

Todo líder deve entender que seu sucesso somente chegará depois do sucesso da equipe. Nunca iremos ver um técnico de futebol ter sucesso antes do sucesso do time no jogo dentro do campo.

Descobri que o respeito à equipe não significa que devo ser desatento à disciplina, aos objetivos, às responsabilidades, ao conhecimento, às condições de trabalho, às inovações tecnológicas, enfim, a muitas coisas indispensáveis para que o grupo seja realmente uma equipe. As máquinas e os computadores são importantes dentro da empresa, mas o mais importante são as pessoas que ali estão. Tratar os funcionários sem respeito é caminhar para o fracasso.

Quando alguém me cumprimenta pelo êxito em algo, quase sempre não posso aceitar, pois sei que o trabalho todo foi feito pela equipe. Eu apenas procurei não atrapalhá-los. Acho que um Líder é aquele que consegue fazer isso com a equipe. Simples, não é !?"

Ailton Leite, presidente da Tabacow

2

Liderança em tempos de caos

"Você pode tirar de mim as fábricas,
queimar meus prédios, mas se deixar meu pessoal eu
construirei outra vez todos os meus negócios."

Henry Ford

Liderança em tempos de estabilidade é algo dispensável. Em época de tranqüilidade, os bons administradores realizam os projetos e cuidam dos problemas com segurança, porque as mudanças são lentas. Em momentos de turbulência, precisamos de pessoas de grande visão e capazes de criar sinergia entre as forças do grupo para que todos se unam em torno de um objetivo comum.

Os maiores líderes da humanidade sobressaíram em ocasiões nas quais o mundo vivia uma crise sem precedentes. Winston Churchill se destacou perante a escuridão da ameaça do nazismo. Nelson Mandela ganhou projeção em um país arrasado pelos conflitos inter-raciais. Franklin Roosevelt se projetou com o sucesso do plano de reconstrução dos Estados Unidos após a crise de 1929. Quanto maiores as incertezas, maior a necessidade de líderes capacitados.

Hoje, além das guerras, que se multiplicam em todos os cantos do planeta, passamos por um turbilhão de mudanças que nos atingem em diversos aspectos da vida. No plano pessoal, familiar, profissional e social, vivemos mudanças nunca antes experimentadas. Como pais, não temos claro como educar nossos filhos para este novo mundo. Dentro de casa, os papéis também se alteraram. Com a mulher trabalhando fora, o homem precisa participar mais ativamente do dia-a-dia da família. No plano profissional, vivemos a explosão de um vulcão ativo, que faz com que profissionais de todas as áreas sejam desafiados o tempo todo.

Precisamos aprender a viver e trabalhar em um ambiente de pressão e mudanças intensas.

Talvez você esteja se perguntando se o mundo vai conseguir se reorganizar. Com certeza vamos encontrar esse novo caminho e constatar, daqui a alguns anos, que nos adaptamos à nova ordem. O complicado é que, quando esse dia chegar, provavelmente estaremos mais uma vez em turbulência total e precisaremos aprender outra maneira de evoluir.

Então, bem-vindo à era do caos, amigo!

Quando estamos nos acostumando a um mundo curvilíneo, as regras do jogo mudam e o planeta fica plano. O setor calçadista brasileiro, por exemplo, dividia entre si o mercado e de repente teve de concorrer com os chineses. Os trabalhadores japoneses estavam felizes até que as empresas mudaram as fábricas para outros países da Ásia, provocando o desemprego no Japão. Os operários brasileiros cumpriam bem suas funções nas fábricas, mas vieram a automação e o fechamento de postos de trabalho. *Call centers* na Índia, China, senhoras aposentadas no Meio Oeste americano, ou no Triângulo Mineiro no Brasil, atendem a chamadas internacionais como se fossem locais. A agricultura mais parece uma olimpíada, em que a cada ano recordes de produtividade são quebrados. Esses são apenas alguns dos inúmeros exemplos colhidos nas páginas dos jornais que mostram as mudanças na forma de os negócios acontecerem.

Todas essas modificações se dão ao mesmo tempo, e não necessariamente numa ordem determinada. Hoje, a realidade é muito parecida com o enredo dos jogos de videogame, em que aviões atacam simultaneamente e os cenários estão repletos de fantasmas e guerreiros destruindo e elaborando magias para colecionar novas conquistas.

Certamente, o fato de estarmos entrando nessa nova fase cria dificuldades e muitos mistérios. Pessoas com alto grau de flexibilidade e curiosidade vão produzir vantagens para si mesmas e para suas empresas nessa moderna maneira de viver. Os mais rígidos e menos abertos vão encontrar mais problemas. Mas, depois de algum tempo, precisarão aprender a atuar nessa nova lógica.

É preciso ter claro o seguinte: o fato de vivermos num mundo caótico não pode fazer de nossa vida um caos – por mais que haja forças que nos empurrem para a turbulência. É possível administrar nossa trajetória, assim como faz um adolescente atento, ágil e competente, que flutua diante dos inimigos e das adversidades dos videogames. É preciso ter consciência de que a derrota numa fase vai exigir aprimoramento e atenção redobrados para a vitória na próxima etapa. O único jeito de se precaver contra essa síndrome da turbulência é conhecê-la, identificá-la e saber caminhar sobre ela.

Para isso, não podemos deixar que essa maneira de viver nos torne confusos. O mundo atual exige uma postura inédita das pessoas, um modo original de olhar. Para ser bem claro, precisamos de novos olhos. De uma nova atitude. Porque sucesso, hoje, significa saber trabalhar debaixo de muita cobrança. Significa saber pensar, decidir e agir sob pressão.

Quando seu chefe pergunta se você quer mais trabalho, mais cobranças, mais problemas e você responde que sim, ele comemora e diz: "Você está promovido". Mas, se ele chega a dizer que você está precisando descansar, dormir até mais tarde, almoçar em casa, ter tempo para o cinema à tarde, está demitindo você. O mundo atual é de alta cobrança.

Num dia você é o rei da gestão. No outro, é o vilão que leva a empresa ao prejuízo. O céu e o inferno são uma questão de dias. A parte triste é que você tem grandes possibilidades de quebrar a cara depois de um período de sucesso. A parte boa é que estará pronto para aprender e sair do ostracismo rapidamente.

Estamos permanentemente recebendo novas informações e sendo pressionados para analisá-las e devolvê-las ao mercado com rapidez. Comparado aos dias atuais, o mundo de dez anos atrás parecia estar em câmera lenta. O dilema de ter de produzir mais em menos tempo é o grande martírio de nossa vida.

Temos mais coisas para fazer, precisamos tomar decisões no meio da neblina e, muitas vezes, ainda somos obrigados a mudar de rumo radicalmente ao longo da implantação de um projeto. Diante desse cenário, muitas pessoas jogam a toalha. Afinal, é mais simples e cômodo desistir diante das pressões. Mas quem faz isso se esquece de que, na verdade, quanto mais acomodado se é, mais rapidamente se fica desempregado. O aparente conforto do sossego, o "deixa para depois", tem custo excessivamente alto para nossa vida amanhã.

Por isso, pare de esperar calmaria no futuro e, principalmente, pare de prometer tranqüilidade a seus colaboradores. Prometa, sim, a oportunidade de eles aprenderem mais, terem desafios cada vez maiores, a chance de ganharem sempre mais e, sobretudo, um ambiente estimulante para todos crescerem. Calmaria é sinal de que a empresa vai quebrar.

Como nada mais é absoluto e incontestável, devemos aprender a encontrar o eixo de nossa trajetória. Para um novo tempo, precisamos de um novo ser humano, livre das amarras do passado, revitalizado pelos desafios do presente, pronto para o sucesso da nova era. Do caos está nascendo esse novo homem, centrado nas necessidades que o momento exige, disposto a conquistar espaço num ambiente em movimento, entre a crise e a oportunidade.

Quem for capaz de aprender mais rápido poderá desfrutar mais cedo das vitórias. Quem demorar para se adequar viverá mais tempo angustiado. No final das contas, todos vamos evoluir com a vida, de uma maneira ou de outra. Tem sido assim desde o começo dos tempos e será assim eternamente.

O caos é um terreno maravilhoso para quem quer crescer. Do caos podem nascer as grandes conquistas. Na mitologia grega, Caos era o deus da nova ordem, era quem transformava a desordem num novo sistema, mais coerente... até o próximo ataque. Do encontro entre Caos e Afrodite, deusa do Amor e da Fertilidade, nasceu Eros, o deus do Amor.

Assim como na mitologia, esse movimento transformador gerado pelo Caos traz em seu âmago uma nova ordem que se impõe. Afrodite veio preencher o vazio do Caos e, junto com ele, formar uma nova ordem. Mais tarde, Eros se casa com Psiquê e gera uma filha, Volúpia, também chamada de Prazer, que representa a possibilidade de desfrutar de toda a mudança que se engendrou. Todo momento caótico traz em si o nascimento da criatividade. Quando desfrutamos dessa nova ordem, construímos a possibilidade de amar e de ter muito sucesso em nossa carreira e empreendimento.

Talvez, neste exato momento, sua vida esteja um absoluto caos, com tudo o que você planejou indo por água abaixo. Sem dúvida, não é o tipo de situação que se procura. Mas quero lhe dizer que, com uma boa dose de paciência, outra boa dose de disponibilidade para mudar e uma grande capacidade de recomeçar, daqui a algum tempo sua vida vai estar muito melhor.

E não se esqueça de uma dose de bom humor também. Como dizem os alemães: se você estiver passando por um grande problema, olhe bem para ele e dê uma boa gargalhada, porque, quando no futuro se lembrar dele, vai sentir vontade de rir. Para que esperar tanto tempo para rir dessa situação? Aproveite e dê uma risada neste momento.

Lembre-se: o caos é o melhor terreno para mudanças profundas. Os líderes sabem disso e se aproveitam desse tipo de situação para dar grandes saltos na vida!

Conversei com um empresário norte-americano que me procurou para propor a compra de uma empresa no Brasil. Ele me disse que pouca gente, proporcionalmente falando, vem fazer negócios no Brasil, pois tudo é difícil, diferente. Mesmo assim, ele decidiu vir, "pois não há potencial como este no mundo", segundo suas próprias palavras. "Quem vier agora usufruirá um grande mercado em dez anos".

3

Os novos bandeirantes

"Sonhar mais um sonho impossível, lutar quando é fácil ceder, vencer o inimigo invencível, negar quando a regra é vender."

Sonho impossível,

versão de Chico Buarque e Ruy Guerra

Estabilidade, atualmente, é palavra proibida, e acomodação virou nome feio. Todos nós precisamos ter a ousadia de um Cristóvão Colombo, que foi desbravar novos horizontes sem medo do desconhecido. Se antes se procuravam novos produtos, hoje somos convidados a desbravar o planeta em busca de novas oportunidades.

Todos nós precisamos ter a coragem dos bandeirantes, que em busca de ouro se embrenharam nas matas enfrentando perigos mortais. Essa coragem será necessária se você resolver vender seus produtos na Ucrânia ou no Sri Lanka. Veja só: 75% dos brinquedos à venda no mundo são fabricados na China. Desse total, 60% são exportados para os Estados Unidos. Diante de um exemplo desses, será que você tem essa coragem ou ainda está sentado em seu escritório à espera dos consumidores? Será que você vai saber enfrentar o desconhecido ou quer viver do passado?

Para quem não souber evoluir, o futuro será repleto de dores de cabeça. Neste mundo caótico, é melhor pensar que nós nunca seremos os escolhidos; portanto, se quisermos alguma coisa da vida, teremos de batalhar muito para conquistar um lugar ao sol. Verdade pura! Precisamos sempre buscar espaço para mostrar nossa capacidade... Temos sempre de ir ao encontro do novo para crescer permanentemente.

Você já pensou por que os navegadores ibéricos se mataram para encontrar uma rota marítima para as Índias no fim do século XV? Porque os árabes assumiram o controle das rotas terrestres e eles precisavam das especiarias. Pessoas arriscaram a vida e muitas morreram para comprar esses produtos.

Antigamente, quem tinha os produtos era o rei. Hoje é preciso fazer o caminho inverso: sair de sua confortável sala, de sua cidade conhecida para procurar novos compradores para o que você tem a oferecer.

O início desse processo pode até começar na frente do computador, mas chegará a hora em que você terá de ir a lugares novos, muitas vezes com hábitos diferentes, para conseguir seu lugar ao sol. Os líderes sabem ir ao encontro do novo para conseguir melhores oportunidades.

Na cidade de Birigüi, no interior paulista, a Klin Calçados, empresa líder do setor de calçados infantis, é um exemplo de boa liderança. Começou suas atividades há pouco mais de vinte anos com três pessoas, fazendo quinze pares de sapatos por dia. Hoje tem 4 mil funcionários, faz 40 mil pares diários e exporta para mais de sessenta países. É comandada por oito diretores, que trabalham com suas esposas. O clima ali é de uma grande família.

Quando a concorrência chinesa começou a incomodar, a Klin Calçados não se intimidou. Ao contrário, partiu em busca de parcerias estratégicas na Ásia. Perguntei como cresceram, e a resposta foi: "A partir da profissionalização, das consultorias, do constante olhar atento no exterior e do amor ao que fazemos".

O fundador da empresa era um vendedor, representante comercial de equipamentos para o setor calçadista. Ao viver essa realidade, ele sonhou com seu próprio negócio. Quantos vendedores viram as mesmas coisas mas não agarraram a oportunidade? Quantos começaram com uma portinha, do mesmo jeito, mas não viraram uma Klin?

Qual a diferença? Ser diferente!

Fazer diferente é criar novos líderes. Em reuniões com todo o grupo de comando da Klin – monitores, coordenadores, gerentes e diretoria –, a palavra de ordem é: somos 200 responsáveis por 4 mil. Não cuidamos só de profissionais, pessoas que vêm trabalhar pelo dinheiro; cuidamos de vidas.

Quando perguntei o que mais eles temiam, a resposta foi: "Só tememos a nós mesmos". Ou seja, sempre que tiveram problemas, a razão foi muito mais interna do que externa.

E como eles crescem e continuam competindo?

Porque jamais perde o jogo quem está atento e preparado. Agora, por exemplo, a luta da Klin é contra o desperdício e o custo. Para enfrentar os asiáticos é preciso ser muito bom em custo, além de ter a capacidade de se unir a eles no que for estratégico.

"Mas fundamental é animar a nossa gente", dizem. Como? Criando 200 líderes que transmitam a razão, a motivação de viver e de fazer bem-feito.

4

Crescer significa ser um líder melhor

"Problemas insolúveis geralmente não são insolúveis porque não têm solução, mas porque não têm solução sem pesados efeitos colaterais."

Lester Thurow

Aposto que você está passando por uma fase de sua vida profissional em que precisa evoluir como líder para mudar de patamar na carreira ou na sua organização.

Para chegar a um cargo de direção ou ser empresário é suficiente, num primeiro momento, saber fazer tudo o que precisa ser feito. À medida que os desafios se ampliam, porém, saber fazer não é mais suficiente. É preciso conseguir que os outros façam para poder crescer. Quem confiar apenas em si próprio nunca ampliará seus negócios.

Se Sam Walton, fundador do Wal-Mart, não tivesse aprendido a trabalhar com outros profissionais competentes, qual teria sido o destino de sua empresa? Provavelmente teria desaparecido, pois, além de ela não ter crescido, Walton não teria preparado executivos capazes de ampliar seu negócio.

Liderar exige que, além de ser bom no que faz, você consiga que outros sejam bons em suas funções.

As pessoas que obtêm mais sucesso são as que criam equipes poderosas. Quando você vê um show do Roberto Carlos, por exemplo, percebe que cada detalhe (e isso não é trocadilho!) funciona. Quando você presencia uma ginasta ganhando uma medalha olímpica, ou quando sai feliz de um restaurante, pode ter certeza de que, nos bastidores, um bom líder obteve de cada um a sua parte para que o todo funcionasse tão bem.

Talvez essa tenha sido a diferença entre dois amigos de maravilhoso talento, Roberto e Erasmo Carlos. Os dois são sensacionais, mas, na minha opinião, Roberto teve a capacidade de aglutinar em torno de si líderes que souberam levar sua carreira a lugares mais altos – desde a criação do grupo que lhe dá suporte musical até o maestro que faz seus arranjos, passando pelas pessoas de sua equipe de produção. Alguém deixou claro a um assistente de palco que o cantor tem de receber buquês de rosas para distribuir às fãs no fim do show. Alguém orientou a assessoria de imprensa sobre a melhor maneira de informar os jornalistas.

E olhe que os dramas que Roberto Carlos enfrentou na vida foram muitos e imensos. Mas esses problemas não foram suficientes para destruir sua carreira. Porque enquanto o Rei chorava lágrimas de dor, alguém cuidava de seus projetos profissionais. Certamente, a qualidade de sua equipe cresceu à medida que seus desafios se ampliaram.

Ruy Mesquita, diretor do jornal *O Estado de S.Paulo*, diz que o sofrimento gera evolução, purga o cidadão. Aliás, todo empreendimento de sucesso cresce porque a qualidade da equipe, e portanto da liderança, evolui. Em minha carreira, sou grato às pessoas da minha equipe que souberam evoluir para fazer acontecer nossos projetos.

Ajudá-las a crescer foi sempre uma obsessão, porque somente dessa forma todos poderíamos fazer acontecer.

Na mesa de um dos meus assistentes, que é um grande líder, pode-se ler a seguinte frase: "Por favor, cresça muito, pois, para realizar meus sonhos, eu preciso que você realize logo os seus". Para você crescer, é fundamental ser um líder que capacite a liderança. Ao avaliar as perspectivas financeiras de sua carreira, você vai compreender que seus ganhos dependem de duas habilidades fundamentais: ajudar os outros a fazer o seu melhor e ensinar seus liderados a chefiar suas equipes.

Este é um raciocínio muito simples: vamos supor o exemplo de um dono de pizzaria que prepara ele mesmo as pizzas. É fácil perceber que rapidamente ele vai chegar ao limite. Para expandir o negócio e aumentar a lucratividade, a solução será contratar alguns *pizzaioli*.

Em pouco tempo, é possível que o limite de crescimento de venda de pizzas no bairro seja alcançado. Mas esse dono de pizzaria (agora um empresário) é ambicioso e quer muito mais. Ele monta, então, uma rede de pizzarias cuja produção chega a ser cem vezes maior que a da loja original.

Quais foram seus desafios? Quando era o único a cozinhar, seu problema era fazer pizzas que agradassem à clientela. No momento em que decidiu expandir o empreendimento, o dono da pizzaria precisou se transformar em líder de sua equipe. Um negócio mais complicado, porque teve de contratar pessoas ambiciosas e motivá-las a fazer pizzas com a mesma qualidade, na velocidade exigida pela clientela e com boa margem de lucro.

Quando resolveu crescer ainda mais, seu desafio se multiplicou: precisou contratar e criar um grupo de líderes capazes de administrar as novas lojas e motivar os *pizzaioli*. Aí, teve de parar de fazer as pizzas para trabalhar num nível superior, coordenando os planos, organizando as estratégias e, acima de tudo, educando e incentivando as pessoas.

Os donos da Van Gogh, uma importante pizzaria da cidade de Santos, litoral de São Paulo, não tiveram dúvidas. Perceberam que precisavam de um líder no atendimento do salão do estabelecimento e convidaram um verdadeiro campeão na arte de servir e de liderar a equipe, o senhor Dias. A casa é um show. Empresários inteligentes dão espaço para os líderes mostrarem o que sabem fazer.

Nos anos 1960, um professor de inglês dava aulas na televisão. Em pouco tempo, criou um método próprio de ensino e fundou a primeira franquia de escolas de idiomas do país. Hoje são mais de 950 unidades no Brasil e no exterior. Essa é a diferença entre fazer sozinho e fazer com um time. O exemplo é da Fundação Fisk e das escolas PBF. O líder é Mr. Fisk, hoje com mais de 80 anos. De aulas na TV para uma poderosa franquia de inglês e espanhol.

Certamente, neste momento de sua carreira o maior desafio é aprender a criar uma equipe e ajudá-la a fazer o que precisa ser feito, com a mesma qualidade e capricho que você sempre teve.

Muitos profissionais são bons técnicos, mas não conseguem superar o desafio de se transformar em líderes. Será esse seu caso?

5

Liderar para todos os lados

"Há duas maneiras de espalhar a luz:
ser a vela ou ser o espelho que a reflete."
Edith Wharton

Por muito tempo, quando se falava em liderança, pensava-se numa relação de superioridade entre o líder e os subordinados. Ele no poder e a equipe obedecendo. Como na época da ditadura: manda quem pode; obedece quem tem juízo.

Hoje, nós precisamos de profissionais sensacionais para superar os desafios que aparecem todos os dias. Esses verdadeiros campeões não permanecem na empresa por medo de ser demitidos. Eles querem trabalhar numa organização que lhes ofereça a oportunidade de colocar em prática todo o seu potencial.

Algum tempo atrás, a Microsoft valia 299 bilhões de dólares, enquanto seu patrimônio era da ordem de 45 bilhões de dólares. Então, perguntaram a Bill Gates o que eram os 254 bilhões não contabilizados como patrimônio. Ele falou dos clientes, dos parceiros, do valor da marca, mas destacou que a maior parte dizia respeito a seus colaboradores. E acrescentou: "No fim da tarde, quando os funcionários vão para casa, o valor da Microsoft é de 45 bilhões de dólares. Ela só volta a valer 299 bilhões no dia seguinte, quando o pessoal volta para a empresa".

Segundo Bill Gates, se a Microsoft perdesse colaboradores ou tivesse dificuldade de contratar gente competente, o valor da empresa encolheria imediatamente.

Liderar é capacitar pessoas competentes que não suportam ser tratadas como incompetentes. É fazer profissionais cobiçados pelos concorrentes desejarem continuar trabalhando com você. É ter força para atrair pessoas maravilhosas que vão fazer a diferença em sua empresa.

Outro desafio é liderar os colegas de mesmo nível hierárquico. Como você, que é gerente de marketing, lidera o gerente de vendas para levá-lo a acreditar em seu projeto? Ou, como você, responsável por vendas, lidera o gerente de produção para que enfrente o desafio de dobrar a produção em um mês?

Eles não dependem de você para continuar no cargo, mas certamente todos dependem de todos para fazer a empresa crescer e realizar suas metas. Aprender a argumentar com seus pares e motivá-los para se sentirem parte dos projetos é fundamental para que os negócios evoluam.

Mas existe um desafio muito maior: liderar o chefe, liderar o acionista.

Uma pergunta para ajudá-lo a refletir: o que você faz para que o dono da empresa aposte em seu novo projeto? Quando os acionistas de uma organização tiverem certeza de que você pensa como se fosse dono e sabe operar com total capacitação, eles acreditarão em você.

Evidentemente, esse é um desafio muito maior do que apenas dar ordens a sua equipe.

Há ainda um desafio muito mais interessante: como liderar seu concorrente?

Num mundo em que as parcerias ampliam as fronteiras da empresa para além de seus muros, os campeões precisam aprender a liderar empresários que são seus concorrentes. Para criar uma nova percepção do mercado, é necessária a união de adversários.

Talvez um dos melhores exemplos da união de concorrentes para a criação de um novo mercado esteja acontecendo no mundo da moda nacional. Foi preciso uma liderança muito forte para que nossas empresas de confecção se transformassem em criadoras de moda. Quando a imprensa comemora o sucesso da São Paulo Fashion Week e da Fashion Rio, o que estamos vendo são concorrentes unidos para criar eventos maravilhosos que atraem a atenção do público. Sozinha, uma empresa não criaria esse movimento. Mas, quando todos se unem, esses eventos se transformam em grandes acontecimentos.

Para que a união de vários concorrentes ocorra, é fundamental mostrar que o surgimento de um novo mercado beneficiará a todos e que é possível participar do projeto com lealdade e transparência. Liderar a cadeia de valor da sua empresa pode representar organizar todo o seu setor, incluindo a concorrência.

O Estado de S.Paulo e a *Folha de S. Paulo*, concorrentes, se uniram para distribuir jornais conjuntamente. Todo o setor de listas telefônicas se juntou para defender seus direitos de livre mercado perante operadores de telefonia. Frigoríficos e supermercados se articulam para promover a qualidade da carne bovina no agronegócio da pecuária de corte. A Illy Café, italiana, promove o concurso de qualidade de café, estimulando produtores rurais a criar resultados cada vez melhores.

Portanto, o ato de liderar, hoje em dia, exige cada vez mais "poder de voz" para que você influencie a comunidade, a concorrência, os agentes externos à sua organização e combata o crime e a ilegalidade.

Quer conhecer uma pessoa? É simples, basta dar poder a ela!

Por favor, analise, então, como você percebe esse modelo de liderança. Você está capacitado para essas novas exigências?

Quando você precisa que o presidente de sua empresa invista mais em publicidade, tem de liderar seu chefe. Quando os outros diretores estão assustados e recolhendo as velas do barco, é hora de liderar seus colegas.

Crescer, no mundo dos negócios, depende do tipo de pessoa que você lidera. Em outros tempos, os chefes escolhiam pessoas submissas para controlá-las e ser obedecidos. Agora, necessitam de gente com iniciativa e devem aprender a coordenar grandes talentos.

Com freqüência me fazem esta pergunta: "Tejon, mas como eu sei se sou um líder?". Minha resposta é: "Você sabe que é um líder quando as pessoas querem ser influenciadas por você!".

Líderes têm seguidores.

Todo mundo quer influenciar os outros, mas a pergunta que precisa ser respondida é: as pessoas querem ser influenciadas por você?

Você quer influenciar seu diretor, mas será que ele quer ser influenciado por você?

Você quer influenciar o gerente de produção, mas será que ele quer ouvir suas idéias?

Como criar nos outros o desejo de serem influenciados por você? Com conhecimento, capacidade de criar resultados e maturidade – virtudes que fazem as pessoas desejarem sua influência.

Uma executiva que trabalha comigo pedia muito para assumir a gerência de equipes. Como era uma grande realizadora, aceitei. Em seis meses toda a sua equipe lutava contra sua liderança. Por quê? Inabilidade humana. Quando você assume o comando, tem uma cobrança maior no que se refere a outros talentos, não mais somente o conhecimento e a habilidade técnica. É chamado para olhar o mundo com os olhos dos colaboradores, e, a partir deles, conduzi-los aos resultados.

Ao assumir um time, você não tem mais os seus braços, a sua boca, as suas pernas. Você não é só uma única cabeça. É multiplicado por dez, quarenta ou por quantos componham a equipe. E é por intermédio dela que você fará as coisas, e não mais sozinho!

Quem não consegue despertar admiração nunca poderá ser um líder. E, portanto, não terá pessoas competentes a seu lado.

"Pela minha experiência de muitos anos, acho que a liderança se conquista e se exerce por meio das seguintes qualidades: 1) ser capaz de transmitir nossos sonhos e valores àqueles que trabalham conosco; 2) criar ideais de conduta baseados mais no exemplo do que na palavra; e 3) dar aos que colaboram conosco a oportunidade de realizar os seus próprios sonhos."

De certa forma, liderar é abdicar de nós mesmos em favor de nossos colaboradores. Eles, mais do que nós, é que devem brilhar. Resumindo numa frase: liderar é estar disposto a dar mais do que recebemos."

Francisco Gracioso, presidente da ESPM
(Escola Superior de Propaganda e Marketing)

6

Treine seu chefe

"A competição se tornou tão acirrada e proporciona tantas opções que é mais fácil trocar de empresa ou de produto do que reclamar."

Richard Whiteley

Este capítulo, baseado num artigo de Roberto Shinyashiki, é fruto em grande parte da minha experiência como diretor de empresa e nas salas de aula. É comum encontrar pessoas constrangidas, que fazem desabafos do tipo: "Tejon, você não conhece o chefe que eu tenho, ele não me deixa crescer!". Ou ainda: "Você não imagina como é difícil trabalhar numa estatal, em que os chefes são indicados por critérios políticos".

É interessante observar que tanto o profissional da iniciativa privada quanto o da estatal pensam que são os únicos com chefes que impedem seu crescimento profissional. Todos temos desafios a superar em nossa carreira.

Se seu chefe é um obstáculo, você não pode demiti-lo. E, se não quer trocar de empresa, só há uma possibilidade: treine seu chefe! Se souber trabalhar direitinho, você conquistará um forte aliado para seus projetos.

Claro que isso não significa que você deva se comportar como os bajuladores! Eles são os grandes alimentadores do fracasso. Quando elogiam quem não tem capacidade, criam, nos outros, uma ilusão de competência que apenas adiará as mudanças tão necessárias para o desenvolvimento da empresa.

Por outro lado, agir como um "rebelde sem causa" transformará você numa pessoa desagradável, a quem ninguém dará atenção, porque estará criando um ambiente de tensão para a equipe. Essa é uma boa estratégia para conseguir uma mudança de departamento, mas somente se você dispuser de estabilidade no emprego!

Assim, reclamar, bajular e rebelar-se são atitudes que não funcionam. Por outro lado, você não pode deixar que alguém desesperado administre seu trabalho. Então, treine seu chefe!

"Mas como, se é ele quem decide?", você deve estar se perguntando.

Existem dois tipos de chefe a serem treinados: o amigão e o lógico-racional. Eles pensam e agem de forma diferente e, portanto, a estratégia a ser usada deve ser específica para cada caso. De qualquer maneira, se seu chefe for aquele sujeito frio e distante que não valoriza seres humanos ou um político na presidência de uma estatal, lembre-se: ele tem muitos problemas e está em busca de respostas. Caso você ofereça a solução, ele vai passar a respeitá-lo e suas opiniões serão valorizadas.

Na vida, a pessoa tem dois caminhos: ser problema ou ser solução. Aproveite os problemas para ser a solução. Seu chefe vai adorar!

Algumas dicas para tirar seu chefe da inércia:

- **Dê-lhe informações.** Se ele for do tipo boa-praça, presenteie-o com um livro ou um artigo requintado. Depois, pergunte o que achou. Aproveite e convide-o para assistir a uma palestra que trate de administração de empresas e de pessoas. Se for amigão mesmo, combine um almoço e exponha suas idéias. Já no caso do chefe intelectual, a melhor atitude é elaborar um projeto detalhado, com dados que o estimulem a aprovar sua sugestão. Por exemplo, se for uma proposta de treinamento, apresente uma estrutura operacional, os objetivos, os problemas que irá solucionar e, principalmente, os resultados desejados. E não esqueça de destacar o retorno financeiro!

- **Esteja sempre disponível para orientá-lo.** Daí a importância de estudar e pesquisar. Afinal, um líder sabe que seu conhecimento precisa estar sempre na vanguarda. Chefes cabeças-duras existem. Mas são raríssimos. A maioria enfrenta tantos problemas que dará graças a Deus se alguém aparecer com a solução. O único porém é identificar a hora oportuna e a maneira correta de falar com os superiores. Você tem de encontrar a melhor estratégia para alcançar o resultado almejado.
- Para completar, **ajude seu chefe a crescer, mas não extrapole.** A maioria das pessoas vive ensinando o que não sabe. Se seu chefe ocupa esse posto, ele tem muitas qualidades. Aproveite para aprender com ele o máximo que puder.

Na Caixa Econômica do Estado de São Paulo, por exemplo, os gerentes se uniram e criaram um núcleo de estudos e de gestão. Promovem programas de desenvolvimento, palestras e realizam planos para a instituição. O objetivo? Exatamente o de permitir uma governança mais racional numa entidade que, por razões políticas, costuma ter seu alto comando mudado a cada eleição. Esse é um bom exemplo de autoliderança de toda uma categoria de servidores.

Quando somos jovens, temos o ímpeto associado à convicção de que os velhos que estão no comando não sabem de nada. Eu já fui assim. Um dia me entregaram a bola e disseram: "Vai, pega que é sua. Você agora está no comando geral". Nesse dia vi quanto eu subestimava o conhecimento dos antigos. Liderar significa sempre uma boa dose de jovialidade, ousadia, porém com respeito pelos bons "anciãos".

Os mais velhos podem não saber bem como construir o novo futuro. Porém, não permitirão que você cometa erros primários que podem destruir o negócio por insensatez.

Ivan Wedekin, chefe da política agrícola do Ministério da Agricultura, é um grande amigo meu. Ele sempre diz: "O jovem é a centelha de Deus, porém o velho é a essência do tonel. Ambos são vitais".

Se for preciso, treine seu chefe, mas lembre-se sempre: se ele chegou aonde está, é porque tem muito mais a ensinar a você do que você a ele!

7

Os líderes criam empresas para a liderança

"Em qualquer trabalho, a diferença entre o excelente, o medíocre e o ruim está, na maioria dos casos, em se ter a imaginação e a disciplina para recriar-se todos os dias."

Tom Peters

O consultor norte-americano Jim Collins, em seu livro *Feitas para Durar* (Rocco, 1995), diz que excelência não é um acontecimento, como o lançamento de um programa de qualidade total, uma convenção, a chegada de uma tecnologia nova à empresa ou a contratação de uma equipe de consultores.

Excelência é a decisão de que a organização será uma referência mundial e de que as ações, todos os dias, devem refletir o comprometimento com essa decisão.

Isso é excelência: em cada ação dos colaboradores da empresa, reafirmar a meta de ser a melhor do mundo. Do pessoal da recepção à diretoria, todos estão comprometidos com o objetivo de ser a melhor empresa. Quando todos assumem esse compromisso, não há mais espaço para o "já está bom", para o conformismo e a acomodação.

O que mata as organizações são os indivíduos cuja atitude de vida é simplesmente o "já está bom", para quem as mudanças se tornam um grande sacrifício. As pessoas que criam empresas de categoria mundial nunca estão satisfeitas. Ser sensacional é, para elas, um estilo de vida.

O guru Stephen Covey afirma que as três funções do novo líder são a de explorar, alinhar e dar autonomia (*empowerment*). Explorar é o "caminho estratégico", a visão atenta das oportunidades e ameaças dos revoltos mares da moderna economia. Alinhar significa organizar e orquestrar a estrutura e as pessoas orientadas para o mesmo "norte". Dar autonomia, por sua vez, representa libertar a criatividade, a habilidade, a inteligência e o talento, quase sempre adormecidos nas pessoas.

Bob Iger, o novo presidente da Disney, diz que todas as unidades do grupo, não importa o que façam, precisam estar alinhadas com as três prioridades estratégicas: investimento em criação, ampliação de novas tecnologias e expansão global.

Se uma empresa quiser subir e, em certo momento, achar que já está bom, pode ter certeza de que no ano seguinte vai despencar do topo para a quarta, a quinta ou a sexta posição.

No campo dos negócios, não podemos simplesmente ser mais um na multidão. Temos de ser especiais para nossos clientes e, para tanto, precisamos nos destacar em um mundo de pingüins.

Antigamente, as empresas que tiravam nota 7 já conseguiam dar lucro. Hoje, se quisermos viver entre os melhores, precisaremos criar empresas nota 10. Se pretendermos ficar acima da média, o aperfeiçoamento deverá ser constante.

Você já deve ter ouvido esta frase, mas eu gostaria que pensasse sobre seu significado: "Se eu faço o que sempre fiz, chego aonde

estou". Verdade ou mentira? A mais pura mentira. Se eu faço o que sempre fiz, estou frito!

Por quê? Porque alguém vai inventar uma nova maneira de oferecer algo melhor a meus clientes. Uma legião de empresas tem como objetivo conquistá-los. E, se eu não estiver evoluindo, vou perder meus melhores clientes. Portanto, precisamos evoluir nas empresas, assim como em nossas competências profissionais.

O consultor José Augusto Minarelli costuma usar uma metáfora muito interessante para nos dar uma idéia da necessidade de evolução constante: por muito tempo, a escada do sucesso limitou-se a uma construção de cimento e pedra. Hoje, como tudo se modernizou, nossa escada é rolante. Só que existe um problema: a escada rolante da nossa carreira só roda para baixo. Para que eu fique na mesma altura, preciso fazer força. Para subir, tenho de fazer muito mais do que sempre fiz. Preciso ser sensacional. Tenho de me reinventar permanentemente.

A propósito, pare e pense por um momento: há quanto tempo você não faz uma grande revolução em sua maneira de trabalhar? Se há mais de um ano você não desenvolve uma nova competência que o mantenha entre os sensacionais, sua carreira e sua empresa correm perigo.

Jim Collins é taxativo: o mundo do sucesso pertence aos sensacionais. As empresas que acumulam crescimento positivo acima da média são as sensacionais.

Ufa, Tejon, mas minha vida já está sobrecarregada! Como fazer ainda mais?

Trabalhar mais não é o desafio. O importante é trabalhar melhor! Trabalhar de forma diferente. Reinventar a maneira de buscar seus objetivos.

Observe bem que a tendência das pessoas que permanecem pobres ao longo da vida é sempre pensar em trabalhar mais. O servente de pedreiro, por exemplo, quando precisa de mais dinheiro, tende a procurar um bico. Nada contra a dedicação e a vontade de conseguir mais. O problema é que trabalhar mais, dessa maneira, vai impedi-lo de evoluir economicamente. Infelizmente, essa estratégia vai mantê-lo longe dos melhores salários.

As pessoas costumam dizer que o ótimo é inimigo do bom. Aqui, o sentido disso seria algo como: "Quem tem a ambição de fazer o melhor, acaba por não criar nada". Para Jim Collins, é exatamente o contrário. Ele diz que não temos muitas empresas sensacionais porque a maioria se contenta em ser boa. Não temos profissionais sensacionais porque a maioria se satisfaz em ser mais um. Infelizmente, não temos muitas escolas sensacionais porque a maioria dos empresários fica satisfeita com o que tem e não ousa criar mais.

No livro *O Mundo É Plano* (Objetiva, 2005), Thomas Friedmann diz que neste mundo aplainado o atributo mais importante que se pode ter é a imaginação criativa – a capacidade de ser o primeiro do quarteirão a compreender de que modo todos esses instrumentos de capacitação podem ser reunidos de maneiras novas e excitantes para criar produtos, comunidades, oportunidades de lucros.

E não é questão de trabalhar mais. Pergunte como se sentem os funcionários de um hotel mal administrado no fim do dia. Todos vão dizer que estão exaustos. E o pior é que não estão exaustos devido ao trabalho, mas principalmente por levarem bronca dos clientes, correrem atrás dos mesmos problemas de sempre, ficarem apagando incêndios. O mais grave de tudo, porém, é que eles não vêem seu trabalho frutificar. São verdadeiros enxugadores de gelo!

Hoje, existem alguns hospitais públicos que são sinônimo de excelência, como o Sarah Kubitschek, em Brasília. Lá os pacientes têm a segurança de serem bem atendidos, e seus profissionais sentem orgulho de trabalhar ali. No final do dia, se compararmos o cansaço dos profissionais dos hospitais bem administrados com o daqueles que atuam em estabelecimentos onde impera a desordem, é bem possível que os trabalhadores desses últimos estejam mais exaustos. E, nesses casos, não há a alegria de receber o agradecimento dos pacientes por um trabalho bem-feito.

É preciso ter muito claro que o problema não é a quantidade, mas a qualidade do trabalho. E, com certeza, essa questão começa com os propósitos e a competência dos líderes.

Não podemos nos contentar em ser bons empresários, bons advogados e bons engenheiros.

A partir de agora gostaria que você pensasse da seguinte forma: "Eu não quero apenas ser mais um engenheiro, quero ser ótimo".

"Eu não quero apenas ser um bom advogado, quero ser excepcional".

"Eu não quero apenas ter uma empresa, quero ter a melhor".

E por que tantas empresas não conseguem atingir as categorias do ótimo, do excepcional e do melhor?

Para que uma organização fracasse, é preciso que cometa uma série de erros simultâneos, como falta de ambição ou de projeto claro. Mas há algumas falhas recorrentes em empresas que não funcionam. Eis três erros básicos:

1. Simplesmente melhorar o que se faz

Pelo menos uma vez por ano precisamos promover uma revolução em nosso negócio. A mentalidade de melhorar um pouco a cada dia é em geral catastrófica para as organizações de sucesso. Pelo menos uma vez por ano é preciso recomeçar do zero

– desde as estratégias até o plano de marketing e a elaboração do orçamento.

Participei de um trabalho sensacional na empresa que dirijo, a OESP Mídia do Grupo O Estado de S.Paulo, o "orçamento base zero". Fizemos como se estivéssemos no início de novo. Esquecemos os orçamentos do passado e estruturamos a companhia a partir do zero. Vimos quanto de "lixo" carregamos ano após ano, na simples repetição do orçamento. Conseguimos um ganho ótimo no lucro e na eficiência com isso.

Sem ir muito longe, podemos nos lembrar de dois gigantes de ontem: as lojas de departamentos Mesbla e Mappin. Uma sucessão de erros, mas, sobretudo, uma séria incapacidade para revolucionar o negócio, fizeram com que esses gigantes do varejo sucumbissem às dívidas e fechassem as portas.

Pode parecer loucura, mas há momentos em que a gente precisa jogar tudo fora e recomeçar o negócio. Principalmente quando temos muito sucesso.

Para você pensar enquanto toma um suco: quem está cuidando da próxima revolução em sua empresa? Quem está cuidando desse projeto? Quem está motivando os gerentes a começarem tudo de novo?

2. Tomar como única referência um concorrente fraco

É importante, sim, ficar antenado com o que se passa na concorrência. O problema é que existem empresas que passam o tempo todo olhando somente para o concorrente ao lado. Vou mais longe: não olhe para seu concorrente mais fraco! Ele é muito ruim para servir de parâmetro. Há firmas que pensam estar melhores que o concorrente falido porque "só" não têm dinheiro para pagar o décimo terceiro salário.

Isso também acontece na casa da gente. Outro dia, minha filha de 8 anos veio me mostrar o boletim escolar. Ela sabe que gosto de acompanhar seu desempenho na escola. Eu perguntei:

– E aí, como é que foi?

– Ih, pai, não fui bem em alemão. – disse, logo acrescentando: – Mas todo mundo foi mal...

– Alguém tirou nota 10? – perguntei.

Ela imediatamente respondeu:

– Só a Maria, pai. Mas você sabe, a mãe dela fala alemão!

Rapidamente comentei:

– Filha, não olhe para os outros. Olhe para a Maria! Se todos forem sua referência, você vai sempre se acomodar com menos.

Se você competir com seu concorrente incompetente, estará olhando para o lado errado.

Para quem quer evoluir, é preferível uma derrota para um adversário mais forte a uma vitória sobre um oponente fraco.

Lembro-me de uma partida de basquete entre o Brasil e os Estados Unidos em que fomos derrotados por uma diferença de quase 30 pontos. No final, um jornalista perguntou ao jogador Oscar como ele se sentia. Sua resposta foi sensacional: "Seria ótimo se perdêssemos para eles todos os meses. Assim, nosso time evoluiria muito. O problema é que, quando jogamos apenas com times fracos, não temos oportunidade de evoluir".

Precisamos, exatamente, ter cuidado com nossas referências. Elas precisam ser as melhores do mundo. Há pessoas que ficam olhando para baixo e nunca chegam a lugar algum. É fundamental olhar para os melhores e ter a ambição de competir com os sensacionais.

Bill Gates nos deu essa lição. Ele não se limitou a manter um negociozinho para o bairro onde morava, restringindo-se a ficar o resto da vida na garagem de casa – como tantos fazem. Quando criou a Microsoft, em um cômodo da casa dos pais, já sonhava que um dia todos os computadores teriam um programa de sua empresa. Parece que ele conseguiu...

No Norte do Brasil, a maior rede de varejo é a Leolar. Sabe como começou? Uma simples papelaria para a qual ninguém ligava. O casal Leonildo e Shirley fez daquela portinha um negócio que conta hoje com mais de 1.200 funcionários. Qual a diferença? Quantas papelarias, quantos armarinhos pequenos existem por aí? Por que pouquíssimos viram uma Leolar? É a vontade de superação dos próprios limites, aliada à capacitação e ao dom da liderança, que todos podemos desenvolver!

Nada contra começar uma firma em casa. Só não dá para estacionar nisso. Você pode iniciar um negócio pequeno, mas sua ambição precisa ser muito grande.

Qual é seu padrão de referência?

Quem são seus concorrentes de verdade?

3. Aceitar gente incompetente na empresa

As empresas não são sensacionais porque deixam profissionais incompetentes jogando no time. Paternalismo é coisa do passado. Vivemos em um mundo competitivo. Temos de trabalhar com gente capaz de realizar projetos.

No Brasil, infelizmente, as empresas aceitam pessoas não comprometidas com o êxito. Pessoas que fazem apenas o possível, que não têm a mentalidade de criar os resultados prometidos. Contar em seu quadro com indivíduos competentes e comprometidos com sua missão é requisito para a vitória da empresa.

Outro aliado da incompetência nas organizações é a idéia de alguns líderes de que um amigo não pode ser demitido. No fim, os dois afundam abraçados... Na esfera do trabalho, as relações precisam ser profissionais. Tratar questões de trabalho como pessoais não é saudável para a relação profissional nem para os resultados da empresa. A incompetência não pode ser acobertada.

Ser amigo de verdade não é se valer da amizade para manter o emprego. Ser amigo mesmo é entregar o que se prometeu. Quando você estiver em dúvida sobre demitir ou não alguém, meu conselho é: demita. Se não fizer isso, logo você vai se arrepender.

Tal como ocorre no casamento, é importante que se estabeleça uma relação de reciprocidade, em que os dois lados estejam satisfeitos. Empresa e profissional precisam confiar que o outro está comprometido... e realizando.

Parte 2

Levando sua empresa ao lugar de líder

Agora você terá a oportunidade de analisar sua empresa e suas competências como líder. A idéia é oferecer-lhe um instrumento para promover um *check-up* da empresa e de sua vida profissional. Proponho que trilhemos juntos os caminhos que o levem a ser um líder que faz acontrecer. Tenho certeza de que você vai adorar essa aventura!

Esta parte do livro vai exigir sua reflexão e participação. Procure trabalhar com um colega ou com um sócio, para que possam discutir e elaborar um plano que transforme a carreira de vocês e a empresa onde trabalham.

O Sigra (Sistema de Gerenciamento de Recursos e Aptidões) o ajudará a perceber os problemas de sua empresa, propondo soluções que realmente funcionam. Ele é baseado num método criado por Roberto Shinyashiki e adaptado por mim, e é uma síntese de tudo o que tem sido analisado e publicado na área de gestão empresarial, ressaltando os aspectos mais importantes para o sucesso de uma organização. Foi concebido tanto para o empresário quanto para aqueles que ocupam cargos executivos ou gerenciais.

Todos os colaboradores devem sentir-se responsáveis pela empresa, e não somente por sua função. Com o Sigra, você será capaz de avaliar sua empresa e seu departamento e poderá ajudá-los a tomar o caminho das vitórias. A idéia não é apenas indicar uma mudança de conduta, mas, principalmente, possibilitar a avaliação constante da empresa.

No primeiro módulo, você terá a oportunidade de analisar os pontos fracos de sua organização e criar um plano de ação, a fim de participar do processo de aprimoramento da empresa.

No segundo, há um segmento especial para você desenvolver sua capacidade de gerar lucros. É absurdo como tantas organizações em nosso país vivem em permanente ansgústia por não saber transformar o trabalho em lucro. Você precisa ajudar a reverter esse quadro!

No terceiro módulo, você vai avaliar seu perfil de líder e elaborar um projeto para aprimorar a capacidade de liderança.

Acrescente suas análises e reflexões, pois isso vai ajudá-lo a utilizar os conhecimentos aqui adquiridos em qualquer circunstância. Interaja com o livro! A participação é a melhor tática de aprendizado.

O líder moderno tem os 4 As da liderança, dos quais já falamos: aprender, atender, acreditar e animar. Segundo Thomas Friedmann, o mundo é plano, as barreiras competitivas foram achatadas, portanto doravante autocrítica é fator primordial de sucesso. Acredite e aprenda, com ânimo para prestar o melhor serviço do planeta.

"Liderança? É mais fácil percebê-la do que defini-la. Assim, vou defini-la com base nas minhas percepções. É a característica de pessoas que num grupo se destacam das demais pela capacidade de obter o apoio, a confiança, o entusiasmo e a adesão voluntária desse grupo para o alcance de um objetivo compartilhado."

Às vezes, esse objetivo é definido pelo próprio líder, mas também pode vir de um dos membros do grupo, membro esse que se revela capaz de ter a idéia, mas não de liderar o grupo na direção de alcançar o que propôs. Também é comum que um líder surja quando seu grupo enfrenta uma ou mais dificuldades, ocasião em que o líder se destaca por apontar uma solução e/ou por se empenhar em buscá-la, em qualquer caso sempre tendo o apoio, a confiança, o entusiasmo e a adesão voluntária de seus liderados.

A liderança independe de julgamentos éticos quanto ao comportamento do líder e do grupo, bem como quanto ao objetivo a ser alcançado. Ela pode ser exercida para o bem ou para o mal. Em outras palavras, liderança tem sujeito, líder tem verbo, a ação voltada para um objetivo, e há o objeto dela, os liderados. Os adjetivos e advérbios admitem infinitas possibilidades."

Roberto Macedo, economista,
pesquisador da USP, professor associado da FAAP
e editorialista do jornal *O Estado de S.Paulo*

8

Os sete pontos fracos das organizações

"Durante as batalhas, cuide de seus pontos fracos e aproveite seus pontos fortes."

Napoleão Bonaparte

Em tempos de tempestade, o líder é aquele que tem a coragem de fazer uma profunda auto-análise e trabalhar seu constante aprimoramento.

Existem dois tipos de perdedor. Um deles é o chamado pessimista incorrigível, aquele que sempre acha que vai perder. Assim, ele acaba criando suas derrotas a partir da própria falta de confiança. Já o outro tipo de perdedor acredita que nunca será derrotado. Por isso despreza o adversário, supervaloriza seu potencial e perde a partida por excesso de confiança.

O vencedor, por sua vez, tem consciência de que a derrota está entre as possibilidades do jogo. Então, toma as precauções necessárias para que o resultado seja sempre sua vitória. Ele é capaz de reconhecer as próprias virtudes, mas também tem coragem de assumir suas fraquezas.

Nas próximas páginas você encontrará os sinais que mostram a existência de pontos fracos nas empresas. Para ajudar o Sigra nesse verdadeiro trabalho de Sherlock Holmes à procura de pistas que apontarão o que é necessário fazer para sua empresa ter sucesso, assinale ao lado de cada uma das afirmativas:

- **Sim,** quando for óbvia a existência do problema.
- **Não,** quando o problema não existir.
- **Mais ou menos**, quando o problema for parcial (em apenas alguns setores da empresa) ou ainda no caso de você sentir que isso está acontecendo, mas sem ter uma definição concreta das causas.

Conte 2 pontos para cada resposta **sim**, 1 ponto para **mais ou menos** e 0 para **não**.

Exemplo: no caso do ponto fraco "A liderança muda de opinião a todo momento", a resposta será:

- Sim, caso essa situação ocorra com muita freqüência.
- Não, caso as mudanças de opinião ocorram raramente.
- Mais ou menos, se alguns dos líderes mudam de opinião com freqüência ou quase todos os líderes mudam de opinião, mas apenas esporadicamente.

Outra dica: em caso de dúvida, responda mais ou menos!

Relaxe, não se preocupe com os detalhes. Suas respostas indicarão o caminho a seguir, mesmo que você não preste muita atenção nas sutilezas dos acontecimentos. Afinal de contas, o Sigra foi feito para ajudar você!

Sim	Não	+/–	1. Liderança despreparada
			1.1 A empresa não explicita sua missão, sua visão e seus valores.
			1.2 Os líderes falam coisas diferentes entre si e vivem disputando o poder.
			1.3 Os funcionários defendem apenas os interesses relativos a sua área.
			1.4 Os objetivos dos gerentes conflitam com os da empresa.
			1.5 A liderança muda de opinião a todo momento.
			PONTUAÇÃO

Sim	Não	+/–	2. Separação entre liderança e colaboradores
			2.1 Falta um time de verdade na empresa.
			2.2 O clima organizacional está sempre pesado.
			2.3 A liderança não ouve a equipe para tomar decisões.
			2.4 A equipe não valoriza as metas e os projetos definidos pela liderança.
			2.5 A liderança não sabe lidar com as pessoas.
			PONTUAÇÃO

Sim	Não	+/–	3. Falta de ousadia
			3.1 Os novos estudos e projetos estão engavetados.
			3.2 A equipe é avessa a mudanças.
			3.3 O medo prevalece no clima da empresa.
			3.4 Falta agressividade na força de vendas.
			3.5 A liderança se acomoda com resultados fracos.
			PONTUAÇÃO

Sim	Não	+/-	4. Expectativa de soluções mágicas
2			4.1 Existe a expectativa de criar um produto que resolva todos os problemas.
	X		4.2 Há a esperança de que o concorrente mais próximo cometa um erro fatal.
	X		4.3 Imagina-se que os clientes aceitam qualquer coisa, de qualquer jeito.
	X		4.4 Há a expectativa de que o fornecedor resolva os problemas de custos da empresa.
		1	4.5 Espera-se que processos como informatização e qualidade total solucionem todos os problemas da empresa.
	3		PONTUAÇÃO

Sim	Não	+/-	5. Administração amadora
	X		5.1 Existe a ilusão de estar protegido contra tempestade, ameaças e crises.
	X		5.2 Faltam indicadores que permitam análises e decisões profissionais.
	X		5.3 As funções não estão bem definidas, pois não existe descrição de cargos.
		X	5.4 Faltam investimentos em treinamento e desenvolvimento da equipe.
	X		5.5 Há a esperança de chegar a algum lugar, mas sem uma estratégia clara.
	1		PONTUAÇÃO

Sim	Não	+/-	6. Distanciamento do mercado
	X		6.1 Faltam informações sobre a concorrência.
	X		6.2 Dá-se pouca atenção às sugestões dos fornecedores e clientes.
		1	6.3 Há pouca participação em eventos e desinteresse por livros e revistas da área.
	X		6.4 Falta visão para prever as mudanças de mercado.
		1	6.5 A empresa vive do sucesso do passado.
	2		PONTUAÇÃO

Sim	Não	+/-	7. Metas e planos que não se realizam
		1	7.1 A liderança não estabelece metas claras e quantificáveis.
	X		7.2 As metas não são valorizadas e os gerentes não sabem como realizá-las.
	X		7.3 A empresa não premia quem dá resultados.
2			7.4 Faltam pessoas qualificadas para realizar os projetos.
		1	7.5 Os trabalhos são executados na última hora.
	4		PONTUAÇÃO

De repente, o que parecia um sonho inabalável transforma-se no pesadelo da derrota. A empresa com imagem de campeã começa a naufragar. As vendas despencam, o ambiente de trabalho torna-se pesado, as dívidas aumentam, a concorrência abocanha uma fatia maior do mercado.

Certamente, isso não vai acontecer com sua empresa, pois você está atento às pedras no meio do caminho! Aliás, essa é a maior razão para estarmos juntos até aqui.

A partir de agora, vamos analisar os pontos fracos das organizações e as fragilidades que comprometem os resultados. Cada um desses pontos fracos começa silenciosamente e vai se instalando na organização: na calada da noite, nas palavras não pronunciadas nas conversas, nos temas proibidos nas reuniões e na cumplicidade que a incompetência sempre cria.

Cada grupo de perguntas a que você acaba de responder corresponde a um desses pontos fracos. As respostas com o número 1 correspondem ao ponto fraco número 1, e assim por diante. Volte agora ao questionário e some os pontos fracos acumulados, lembrando-se de que as respostas **sim** valem 2 pontos, as **mais ou menos**, 1 ponto e as respostas **não**, zero.

Se o resultado para cada ponto fraco for igual ou maior do que 4 pontos, esse aspecto merece atenção especial. Mãos à obra! Vamos desarmar as armadilhas no meio do caminho.

1. Liderança despreparada

Uma liderança despreparada é tão danosa que essa questão foi apontada em pesquisas como o único verdadeiro ponto fraco de uma organização. Todo o resto deriva dessa fraqueza. Afinal, a empresa é o retrato de seu líder e tudo o que acontece nela resulta de suas ações. Qualquer transformação significativa na empresa começa com a consciência da liderança.

Talvez um empresário de sucesso, ao enfrentar um período difícil, analise as próprias dificuldades e reflita: "Será que não sei mais como administrar uma empresa?". Certamente, o maior problema dele foi não ter conseguido aprender uma nova maneira de administrar.

O líder é quem contrata e demite, além de ser ele quem determina como os projetos serão implantados. Ele também delega ou centraliza os trabalhos e define os critérios de promoção. A visão do líder incentiva a equipe a trabalhar pelo sonho a realizar. Quando os líderes não têm consciência do desafio, a empresa transforma-se em um navio sem rumo. Hoje em dia, o maior desafio que a liderança enfrenta é abrir mão do controle e da manipulação obtidos à custa do medo dos funcionários.

Na verdade, pessoas muito autoritárias, que agem como os antigos feitores de escravos ou os generais da ditadura militar, escondem uma profunda insegurança. Não passam de sombras de líderes e acreditam que gritar, bater a porta e demitir são sinais de grandeza.

O relógio de um chefe ditador estava sempre marcando as horas de forma incorreta. Um amigo sugeriu que ele tomasse providências. Depois de muito pensar, ele deu uma forte pancada no relógio, que parou de funcionar. Então, o pequeno ditador olhou para o amigo e, sorrindo como se tivesse resolvido o problema, disse:

– Agora melhorou.

– Mas como melhorou? – perguntou o amigo, espantado.

– Bem, antes nunca estava certo. Agora, está certo pelo menos duas vezes ao dia!

Essa história mostra que o ditador sempre procura a solução mais fácil, mesmo que não resolva nada.

A liderança despreparada cria conflitos desnecessários, estimula jogos de poder e, sobretudo, desmotiva a equipe. Mas a maior falha da liderança é não saber lidar com as pessoas, pois a empresa campeã é formada por seres humanos campeões.

2. Separação entre liderança e colaboradores

Recentemente, fui à França estudar sobre liderança, e o professor De Vries nos ensinou que um líder moderno precisa reunir três funções vitais. Uma é a do compromisso maior com a causa, a obra. A outra é a de ser um arquiteto, um designer, estruturador, pois muitos problemas que as pessoas enfrentam são em decorrência de uma "arquitetura" organizacional mal erigida. E a terceira é o necessário carisma, ou seja, ser capaz de chegar ao cérebro das pessoas pela via do coração.

Quando existe separação física entre as hierarquias, o enfraquecimento torna-se inevitável. Organizações que incentivam práticas discriminatórias, como, por exemplo, os executivos utilizarem um elevador exclusivo, nunca poderão sonhar em ter uma equipe motivada. Quando chefes e trabalhadores não se integram, pequenos problemas transformam-se em grandes ameaças...

É importante estar junto da equipe. Nos Estados Unidos, é cada vez mais comum colocar no cargo de gerência de fábrica um jovem que acabou de completar o MBA. Na opinião dos norte-americanos, conhecer administração é suficiente. Mas não é! Se esse jovem não tiver humildade para descer ao chão da fábrica e conversar com quem realmente conhece o cotidiano das máquinas, vai terminar isolando-se em seu escritório, de modo a encobrir a própria ignorância.

A separação entre a liderança e os colaboradores é fatal para qualquer empresa. Portanto, não se esconda atrás de ternos elegantes e em salas com ar-condicionado. Vá ao encontro de sua equipe. Ouvir as pessoas antes de uma grande decisão estimula o comprometimento de todos e evita muita dor de cabeça. Se você valoriza o conhecimento de sua equipe, ela também valorizará o seu.

3. Falta de ousadia

A falta de ousadia é nociva em nossa vida porque nos impede de sonhar. E, sem sonhos, nós nos transformamos em estátuas, criaturas apáticas, sem entusiasmo nem energia para realizar coisa alguma.

Em um mundo onde as mudanças fazem parte de todas as paisagens, temer o novo é o início da decadência. Enquanto nas organizações perdedoras os funcionários estão acomodados, não aceitam desafios e se preocupam apenas em conservar o emprego, na empresa campeã as pessoas gostam de adrenalina! O combustível predileto desses profissionais chama-se desafio!

O líder que cria lideranças sabe que é preciso abandonar velhas fórmulas do passado para construir a empresa de seus sonhos.

Conta-se que numa noite escura, um homem andava no meio de uma floresta e, de repente, caiu. A única coisa que conseguiu fazer foi segurar-se em um galho. Quando olhou para baixo, só viu escuridão. Começou, então, a ter pensamentos catastróficos: "Eu vou cair neste abismo e morrer... Esse galho não vai agüentar, e eu vou me machucar todo!".

À medida que o tempo passava, o galho ia se desprendendo e cada vez mais o homem se desesperava, com medo de cair e morrer. A claridade do dia foi chegando e, então, ele percebeu que estava com os pés a 40 centímetros do chão. Todo o seu medo e sofrimento haviam sido infundados.

Eis o salto mais difícil: aquele que precisa vencer a distância entre a cabeça e o coração.

Existem momentos na vida de qualquer empresa em que o salto se torna inevitável. Nessa hora, mais do que razão, é preciso ter coração, buscar coragem e sentir orgulho de ser um campeão!

4. Expectativa de soluções mágicas

Esperar que uma grande jogada do destino salve a empresa é a mesma coisa que acreditar em Papai Noel. A ilusão é o pior alimento para uma organização!

Quando deparamos com uma competição como as Olimpíadas, percebemos que os resultados são fruto de sangue, suor e sacrifícios. Um campeão, ao receber a medalha, em geral diz: "Valeu a pena o sacrifício, a sensação de triunfo apagou tudo o que eu deixei de fazer para me preparar!". Os vencedores reconhecem que, sem dedicação, o sonho se transforma em frustração. É preciso dar muitos beijos na realidade para voar como cisne.

O líder sabe que o sucesso da empresa depende do crescimento e da motivação de sua equipe. Aqueles que aguardam soluções mágicas são os mesmos que se desesperam quando os obstáculos começam a aparecer. Não estão preparados para entender que as dificuldades fazem parte das grandes conquistas.

Os líderes que capacitam lideranças são diferentes. Eles têm enorme capacidade de enfrentar os problemas e sentem prazer em resolvê-los.

As figuras do grande mestre e do guardião fazem parte de algumas tradições religiosas. Assim, certa vez, após a morte do guardião, o grande mestre reuniu todos os irmãos para fazer a substituição. Assumiria o posto aquele que conseguisse resolver primeiro o problema apresentado.

O grande mestre pôs uma linda mesa de marfim no centro da sala e, sobre ela, um vaso de porcelana raríssimo, com uma bela rosa amarela. A seguir, disse apenas: "Aqui está o problema!".

Todos ficaram parados, sem saber como agir. O vaso era muito bonito, de valor inestimável, e a flor, maravilhosa! O que eles representavam? Qual seria o enigma? O que fazer? De repente, um dos discípulos sacou a espada, caminhou em direção ao vaso e... zapt! Destruiu tudo de um só golpe.

Tão logo o discípulo retornou ao seu lugar, o grande mestre declarou: "Você é o novo guardião! Não importa que seu problema seja algo belíssimo; se for um problema, deverá ser eliminado!".

Um problema é sempre um problema e deve ser enfrentado com força total!

O líder resolve. Sonha alto e trabalha duro. Envolve-se com todos os projetos. Tem consciência de que, para obter o que deseja, deve fazer a sua parte. Lógico, todos sabem que milagres existem! Mas eles não acontecem, são realizados. Milagres são realizações de pessoas, de equipes motivadas e conscientes de seus desafios.

5. Administração amadora

Hoje em dia ninguém mais está disposto a pagar pela incompetência alheia. A competição no mundo dos negócios está tão acirrada que se assemelha a uma guerra. E não é possível levar amadores para o campo de batalha.

Quando uma empresa abre espaço para amadores, é como se um vírus se infiltrasse em sua "corrente sanguínea". Rapidamente ele se alastra por diversos setores, produzindo efeitos letais. Atinge todos os escalões, provoca conflitos, estresse e improvisação. Diante dessa verdadeira "convulsão" do organismo empresarial, cada colaborador passa a querer resolver os problemas à sua maneira, mas os esforços se anulam por causa dos posicionamentos contraditórios.

Uma empresa campeã não é construída apenas com sonhos, mas também por meio de indicadores, análise de custos, planejamento estratégico e pesquisa, para que as decisões não sejam tomadas com base em "achismos" e intuições. É o sonho nascido com base na realidade.

A inflação alta acostumou mal muitos empresários e executivos. Era muito fácil administrar negócios com 100% de margem de lucro. A inflação era o melhor aliado dos incompetentes. Hoje, com os custos cada vez mais elevados e o preço de venda cada vez menor, a margem de lucro tende a diminuir substancialmente.

É muito triste ver sonhos maravilhosos se transformarem em pesadelos e pessoas com grandes vocações em eternos desempregados. É necessário ter lindos sonhos, mas eles só vão dar certo quando você for competente para concretizá-los!

Muitas empresas solicitam palestras sobre motivação, mas ela só tem sentido quando vem acompanhada de capacitação. O melhor motivador é o resultado positivo, que só se obtém por meio de pessoas competentes. O vendedor precisa sentir prazer em lidar com o público, assim como conhecer o produto. Um profissional de vendas deve estudar carinhosamente o processo da venda, geralmente baseado nos passos que vão do planejamento, passando pela abordagem do cliente, pelo descobrimento das suas necessidades, pela oferta da solução, pelo tratamento das objeções até o fechamento do negócio e o pós-venda.

É chegada a hora dos profissionais! Gente que tem grandes sonhos, acompanhados de forte noção de negócios, transformadores das realidades.

6. Distanciamento do mercado

Você não pode ter a pretensão de que seus clientes sejam fiéis se não estiverem plenamente satisfeitos. Caso eles percebam que podem ser mais bem atendidos por seu concorrente, certamente irão procurá-lo.

Não adianta você ter a ilusão de que é o melhor. Você tem de *ser* o melhor!

No atual cenário econômico, está cada vez mais difícil ser um vencedor, pois seu adversário também está mais capacitado. A mentalidade competitiva tornou-se, antes de mais nada, um fator de sobrevivência, porque seu cliente está procurando sempre o melhor.

Competência, hoje, é um estilo de viver. Queremos empresas e profissionais eficientes, que ofereçam sempre algo melhor, por um custo menor e de maneira ética – sem que um precise destruir o outro para conquistar a liderança em determinado mercado.

A saída é fazer um planejamento rigoroso, com o estabelecimento de metas e objetivos. Ser competente para ser competitivo! Hoje, as empresas estão muito preocupadas com a concorrência estrangeira, mas a evolução dos produtos nacionais está criando um verdadeiro caos no mercado. A disputa pela liderança, em um mercado cada vez mais segmentado, tornou-se fortíssima, e somente conhecendo as necessidades dos clientes as empresas podem conquistar uma posição de destaque. Por isso, ficar afastado do mercado representa morte certa!

Uma empresa que não está em sintonia com as tendências de mercado é como um organismo que não renova o oxigênio de que tanto necessita para respirar: acaba morrendo por asfixia!

7. Metas e planos que não se realizam

Cada vez que se estabelece uma meta, uma nova fonte de energia é mobilizada. A esperança de mudanças é estimulada, o medo do novo é criado, assim como a tensão, as expectativas e os sonhos acalentados. A equipe fica excitada e... nada! Os relatórios permanecem desprezados no fundo de uma gaveta...

Quando a empresa inicia um novo projeto e o abandona, não desperdiça somente o projeto, joga fora também a confiança de seus colaboradores. É como o alcoólatra que está sempre prometendo parar de beber, o obeso que vive começando um regime, o displicente que compra manuais de organização. Além de perder o respeito de sua equipe, o líder se transforma em tema de piadas nas reuniões informais da turma.

Por isso, só prometa o que puder cumprir. E cumpra o que prometeu!

Ter uma meta é um passo importante, mas saber estabelecer o percurso para alcançá-la é o que caracteriza uma empresa campeã. Observe como as pessoas que você admira têm sempre algo em comum: elas fizeram o que prometeram. Assim foi com grandes mestres como Cristo, Buda ou Gandhi e com ídolos como Bill Gates, Betinho, Ayrton Senna, Zilda Arns, Jô Clemente...

As pessoas que valem a pena são as que realizam!

9
Virando o jogo

"Riqueza é o meio e as pessoas são o fim.
Todas as nossas riquezas materiais terão pouca utilidade se não as usarmos para ampliar as oportunidades de nosso povo."

John F. Kennedy

Agora que você já sabe quais são os pontos fracos de sua empresa, está na hora de assumir um compromisso de mudança. Os resultados que você atingir daqui para a frente compensarão, com certeza, seu empenho. Saber que algo precisa ser feito é somente o início; o mais importante é conseguir construir algo novo. Lembre-se: ter um sonho não é nada até que você o realize.

Recordo sempre o exemplo de Juscelino Kubitschek, que concebeu um ousado Plano de Metas para o Brasil em 1956. Expressão da vontade pessoal de JK, o plano era embalado pelo bordão "Cinqüenta anos em cinco" e prometia acelerar o desenvolvimento do país. Com trinta propostas e detalhados programas de investimentos em infra-estrutura, o Plano de Metas representou uma inovação na época. Juscelino foi o primeiro político a formular estratégias de desenvolvimento para o país antes de ser eleito presidente. E pôde cumpri-lo quase integralmente, deixando como legado grandes realizações nos campos da siderurgia, energia e transportes.

Estabeleça metas claras – essa medida vai funcionar como uma bússola para você e sua equipe. Sempre que alguém estiver para perder o rumo, será só consultá-las para retomar a rota estabelecida, evitando voltas desnecessárias, trechos acidentados e desgastes à estrutura.

Mas não seja ansioso. Dedicar algumas horas à definição de metas não é perda de tempo nem de energia – para não falar de dinheiro. Saber aonde se quer chegar e formular estratégias para isso trazem sempre resultados compensadores:

- Objetivos claros orientam: você não terá dúvidas sobre o motivo de seus esforços.
- Metas são referenciais de sucesso: você saberá o momento de celebrar a vitória porque terá consciência de seu êxito.
- Alcançar um propósito reforça a auto-estima: ninguém lhe tira o prazer de saber que você é capaz de sonhar e realizar.
- Metas são estimulantes! Elas dão sentido à vida, ao trabalho, à dedicação, à busca de conhecimento, à atitude e à ação.

Existem muitas formas de elaborar suas metas; utilize a que mais lhe convém. Algumas sugestões:

- Indique o ponto fraco que você diagnosticou em sua empresa.
- Analise suas opções e escolha uma maneira de resolver o problema.
- Estabeleça um prazo para isso.

- Perceba que, para realizar uma meta, sempre existe algo que você precisa aprender.
- Se quiser saber o que sua equipe pensa, será necessário conversar com ela. Para conhecer seus clientes, você deve ouvi-los... Defina o aprendizado que será a base para você concretizar sua meta.

Um exemplo:

- **Ponto fraco:** administração amadora.
- **Minha meta:** criar balancetes para análise mensal dos resultados.
- **Prazo:** abril de 2xxx.
- **Meu aprendizado:** fazer um curso de administração financeira.

AGORA, a bola está com você!
MÃOS (CABEÇA E CORAÇÃO) À OBRA!

Desafio	Meta	Prazo
1.		
2.		
3.		
4.		
5.		
6.		
7.		

Pronto, você já tem o mapa do tesouro. Resta ir até ele! Seguem algumas dicas para garantir que suas metas não sejam esquecidas:

- Anote-as na agenda.
- Fixe-as sobre a escrivaninha do escritório.
- Peça a opinião de amigos.
- E, principalmente, lembre-se: o compromisso mais importante é com você mesmo!

"Para agregar valor a sua função, o líder deve ser carismático e confiante, perspicaz e persistente. E ainda tem de gostar do que faz. É preciso também que tenha uma inteligência executiva: executar tarefas, trabalhar com os outros e julgar a si mesmo. Ser autêntico é fundamental.

Tanto líderes como seguidores associam autenticidade com sinceridade, honestidade e integridade. Muitos supõem que autenticidade é uma qualidade inata – ou seja, que a pessoa ou é autêntica ou não é. Na verdade, a autenticidade é em boa parte definida por aquilo que os outros enxergam em você e, como tal, pode em grande medida ser controlada por você.

Estabelecer sua autenticidade como líder é um desafio em duas etapas. Primeiro é preciso assegurar que suas palavras sejam condizentes com seus atos; sem isso, os seguidores jamais o terão como autêntico. Mas praticar aquilo que se prega não basta. Para que as pessoas o sigam, é preciso fazer com que estabeleçam algum contato com você. Isso quer dizer que o líder terá de mostrar uma face distinta para cada público, requisito que muitos julgam incompatível com autenticidade. Mas a autenticidade não é fruto de manipulação, não é encenação, mas um reflexo fiel de aspectos do eu interior do líder.

Um líder autêntico parece saber que traços de sua personalidade revelar a esse ou àquele público e quando. Altamente ligado ao ambiente que o cerca, aposta na intuição nascida de experiências formativas, por vezes duras, para entender expectativas e receios daqueles que busca influenciar. Mantém o que o distingue como indivíduo, mas sabe como ganhar aceitação em culturas sociais e corporativas fortes e como usar elementos dessas culturas como base para mudanças radicais."

Marcos Cobra, chefe do departamento de marketing da Escola de Administração da Fundação Getúlio Vargas de São Paulo

10

O líder criador de lucros

"A melhor maneira de prever o futuro é criá-lo."

Peter Drucker

Talvez você esteja se perguntando por que o autor escreveu um texto sobre finanças. Ou, até mesmo, onde ele aprendeu a respeito desse tema...

Aprendi de três maneiras.

A primeira foi ao sentir na pele o efeito de um fracasso financeiro numa empresa admirável, onde eu era o diretor de marketing. Pude assistir ali, e no decorrer dos anos, à verdadeira desgraça que se abate sobre homens e mulheres valorosos, confiáveis, muito talentosos, quando as regras do jogo capitalista não são exercidas de forma competente. Toda boa intenção, caráter e ética afundam com o prejuízo. Primeiro a empresa é destruída, e em paralelo destroem-se as vidas humanas envolvidas.

A segunda maneira foi ao me aprofundar como professor de pós-graduação e exigir dos meus alunos que todo projeto, tese e dissertação viessem sempre acompanhados de um sólido *business plan* e DRE (demonstrativos de resultados).

E em terceiro lugar, quando precisei assumir uma empresa com alto prejuízo e promover um *turn-around*, tirando-a do vermelho para o lucro em dois anos, negociando as dificuldades com fornecedores, bancos e colaboradores.

Aprendi que sem a entrega de valor ao acionista é impossível entregar o valor ao consumidor, promover a evolução das pessoas e da sociedade. **Sem lucro não tem solução.**

Ninguém pode dizer que é líder se não se mostra capaz de criar lucros para a organização. Uma empresa sem lucros é fonte infinita de problemas de todos os tipos, desde a falta de motivação da equipe e a perda dos melhores funcionários até a desavença entre os sócios.

Infelizmente, ainda existem profissionais que querem ser promovidos mas não demonstram nenhum compromisso com o resultado financeiro da empresa. Todos os funcionários, sem exceção, devem se conscientizar de que seu trabalho precisa criar resultados financeiros sólidos para a organização onde trabalham.

O vendedor deve saber se a operação que está fazendo vai trazer lucro para a empresa ou se vai somente render sua comissão. O gerente de marketing deve ter em mente quanto suas ações mercadológicas vão melhorar os números financeiros.

Outro dia, um colaborador meu de alto nível reclamou do seguinte: "Falam que a empresa está dando lucro, e, mesmo assim, está difícil liberar verbas daqui e dali. Se estamos dando lucro, por que não vamos gastar mais?".

Fiquei perplexo e percebi quanto o papel de funcionário pode limitar nossa visão dos negócios. Uma coisa é promover condições competitivas de trabalho para sua equipe, a outra é o lucro da sua empresa virar instrumento de chantagem para abrir as comportas dos gastos... Imediatamente encaminhei esse meu executivo para um curso de finanças.

É necessário ter claro: são os lucros que perpetuam e criam oportunidades de crescimento para todos. A empresa que não apresenta lucros não pode ser um bom lugar para o crescimento profissional.

O executivo de gestão de pessoas precisa desenvolver a mentalidade de buscar o retorno financeiro de suas ações. O maior congresso de treinamento do mundo, realizado pela *American Society of Training and Development* (ASTD), que reúne milhares de profissionais de recursos humanos, criou um módulo de finanças porque os especialistas perceberam que, enquanto o executivo de RH não souber dar retorno sobre o investimento de suas ações, ficará de fora das grandes decisões da organização.

O número de falências de empresas recém-inauguradas é grande no Brasil, e os erros financeiros cometidos pelos novos empresários constituem uma das principais causas disso. Muitas pessoas dizem: "Vou montar um restaurante (ou uma loja, ou um escritório), mas não quero saber de dinheiro porque odeio números". Essa atitude é desastrosa, pois o dinheiro não gosta de quem não gosta dele. Se você quer uma vida financeira estável, precisa entender de dinheiro!

Para você que pretende ser líder, um conselho fundamental: entenda muito de finanças. Faça cursos, troque idéias com um consultor de sua confiança, leia jornais e revistas especializadas e converse sobre o tema com amigos, até conseguir falar de dinheiro com desenvoltura.

Alguns teóricos da área financeira sugerem: "Se você não entende de dinheiro, contrate alguém que entenda". É uma idéia boa, mas incompleta. O empresário e o executivo têm de ser capazes de supervisionar, e até discutir com esse profissional, as opções financeiras da organização.

A confiança cega em um profissional de finanças, sem a supervisão de seu trabalho, é terreno fértil para uma história de desfalques. Se isso aconteceu na sua empresa, lembre-se: a responsabilidade não foi somente de quem o traiu, mas também sua, que não supervisionou as contas.

Gerenciar uma empresa sem bons relatórios financeiros em mãos é como pilotar um avião sem painel de controle. É possível conduzi-lo, mas certamente vôos, pousos e decolagens serão mais arriscados e menos suaves.

Começa aqui a diferença entre os líderes empresariais de verdade e os amadores: os profissionais são capazes de discutir os números. Mas que números é preciso conhecer? Aqueles que devem ser referência na tomada de decisões da empresa.

As finanças não podem se resumir a um amontoado de números e relatórios com fins puramente fiscais. Os relatórios financeiros não servem apenas para "contabilizar" entradas e saídas e apurar resultados. As organizações que efetivamente usam seus relatórios como base para decisões gerenciais e estratégicas são as conduzidas por líderes profissionais.

Essas empresas, além de conhecer seus números e os dos concorrentes, sabem o valor do investimento no negócio, as margens de contribuição de cada produto, quanto podem crescer sem comprometer os resultados, quanto custam suas dívidas e se o caixa gerado vem diretamente de suas operações ou de ações emergenciais, como a venda de ativos.

Na maioria das situações de prejuízo, as pessoas que tomaram as decisões no passado não souberam enxergar o que os números diziam. Lembre-se: uma atitude perigosa, que se verifica quando você não se envolve com as finanças da empresa, é a omissão!

Vejo muitos presidentes dizerem para a equipe, com orgulho: "Não me tragam problemas". Eles servem de exemplo para seus diretores, que procedem da mesma forma, e, na seqüência, para os gerentes, que também acabam proibindo seus subordinados de apresentar dificuldades. Resultado: os problemas vão ser enfrentados por estagiários, sem preparo nem experiência para solucioná-los.

Certa vez, um diretor da Microsoft me contou que Bill Gates, quando era presidente da empresa, começava as reuniões com a seguinte pergunta: "Quais são os problemas que vocês estão enfrentando?". Pergunta sensacional! O presidente tem de ter claro que está nessa posição para ajudar a resolver problemas. Ele ganha mais, tem mais treinamento e poder, então os problemas devem passar por ele.

Talvez neste momento você esteja se perguntando se tem sido o líder financeiro que sua empresa imagina que você seja. Em todas as áreas do conhecimento da gestão profissional – marketing, operações, gestão de pessoas e finanças –, é preciso a soma de três fatores para o sucesso.

E quais são esses fatores?

- **Atitude.** Você se interessa pelas finanças e pelos números da empresa ou tem aversão a eles? Sua atitude contagia sua equipe?
- **Conhecimento.** Você se informou sobre os fundamentos das finanças? Um profissional com boa formação em finanças impõe respeito à equipe enquanto outro, sem conhecimentos sólidos, pode gerar uma atitude de desconsideração aos números, pois as pessoas tendem a relaxar ao ouvir seus

argumentos. O conhecimento é o melhor instrumento para realizar metas.

- **Ações.** Quem não tem ações consistentes, como valorizar o orçamento, pedir cotações para decidir uma compra e respeitar o cronograma, freqüentemente não consegue o comprometimento da equipe com os resultados financeiros da organização.

É comum executivos de grandes corporações, com conhecimento profundo de finanças, mostrarem desprezo pelo cumprimento do orçamento – enquanto novos empresários têm uma atitude de respeito aos números, mas não dominam os fundamentos das finanças.

Agora, ruim mesmo é quando o profissional não conhece, não tem atitude nem ações consistentes com o sucesso financeiro. Aí, a falência passa a ser um grande risco.

O questionário a seguir tem o objetivo de ajudá-lo a refletir sobre como estão suas competências em relação às finanças. Elas precisam estar integradas para você conseguir o resultado máximo com seus esforços. Empresas como a Yahoo, por exemplo, têm na criação de computadores a baixíssimo custo um dos seus fundamentais ativos de diferenciação competitiva. Se não produzissem máquinas muito baratas, não teriam um Yahoo!

E se você quer crescer numa organização o segredo é: descubra como é que se ganha ou se perde dinheiro ali e conecte seu trabalho ao lucro.

Vamos agora aplicar o Sigra em suas competências financeiras para que você faça esse diagnóstico e empreenda as mudanças necessárias. Cada resposta **sim** vale 2 pontos; **mais ou menos**, 1 ponto; e **não**, zero.

Vamos lá! Observe suas atitudes, suas ações e seu conhecimento de finanças para saber se você está preparado para levar sua empresa ao lucro!

Sim	Não	+/–	Os sete pontos fortes dos líderes financeiros
			1. Você se interessa pelas finanças de seu departamento e de sua empresa?
			2. Os demonstrativos financeiros da empresa são confiáveis?
			3. Seu departamento tem um orçamento claro?
			4. Você analisa regularmente os números financeiros de sua empresa e toma providências para melhorá-los?
			5. Você usa os demonstrativos financeiros para decisões estratégicas?
			6. Você recorre a pessoas de confiança (assistentes financeiros, contadores, consultores e amigos) para ajudá-lo a fazer análises financeiras em profundidade?
			7. As pessoas de sua equipe trabalham com a consciência do orçamento e dos resultados financeiros da organização?
			PONTUAÇÃO

11

Os sete pontos fortes dos líderes financeiros

"Todo mundo tem talento.
O difícil é ter coragem para seguir o talento
até o lugar escuro aonde ele nos leva!"

Erica Jong

Se nesse *check-up* você obteve pontuação abaixo de 10, é hora de fazer um bom curso de finanças gerenciais.

Se sua pontuação foi igual ou superou os 10 pontos, parabéns. Você tem uma boa base de finanças. Agora é atacar os pontos fracos para poder criar melhores resultados financeiros para seu negócio.

Vamos então conversar um pouco sobre as competências financeiras dos líderes que criam as empresas de sucesso.

1. Interessar-se pelas finanças de seu departamento e de sua empresa

O líder sabe que a empresa é seu espelho. As coisas acontecem quando damos atenção a elas. Se você valorizar o dinheiro, ele vai aparecer. Se você tiver a curiosidade de conferir todos os dias os números de sua organização, eles inevitavelmente vão melhorar.

Existem dois tipos de atitude em relação ao dinheiro: querer ter dinheiro e ganhar o dinheiro. Infelizmente, a maioria das pessoas, embora deseje ser rica, não consegue melhorar de vida porque tem a ilusão de que o dinheiro vai aparecer sem que precise aperfeiçoar a maneira de obtê-lo. As pessoas que realmente ganham dinheiro são aquelas que o valorizam, prestam atenção nele e, sobretudo, conhecem o jeito de conquistá-lo. Se você não tem interesse por finanças, é pouco provável que seja uma pessoa próspera financeiramente.

É ótimo que você se mostre um dono de restaurante preocupado com seu cliente, mas é fundamental saber se está obtendo lucros. É maravilhoso ser um gerente comercial apaixonado por vendas, mas, se não criar negócios lucrativos, você não poderá ganhar mais.

É a mesma coisa no que diz respeito a outros aspectos de sua vida. Como você vai conquistar uma mulher ou um homem se não tiver interesse em relacionamentos? Pode até aparecer alguém interessado em você, mas a relação não vai evoluir.

Conheça os números de sua empresa! Saiba o que representa cada um deles e jamais aprove um relatório se não estiver seguro de sua interpretação. Foque o todo, mas não ignore os detalhes. Quanto mais você conseguir enxergar o que está por trás dos números, mais os relatórios vão mantê-lo informado sobre o crescimento da empresa.

Imagine vários cardiologistas analisando um eletrocardiograma. Ainda que o resultado seja o mesmo, a capacidade de cada médico de perceber as verdades escondidas em um pedaço de papel faz toda a diferença. Um médico sem grande preparo vai simplesmente enxergar se houve ou não um enfarte, enquanto um verdadeiro especialista é capaz de contar a história da vida desse paciente. Com os relatórios financeiros ocorre a mesma coisa. Um iniciante vai analisar o balanço e a demonstração de resultados e saber se a empresa teve lucro ou prejuízo. Um especialista,porém, saberá a história da empresa e analisará a conseqüência de todas as decisões para o futuro dela.

Vamos observar uma situação básica: a empresa deu lucro. Isso é sempre sensacional? Por incrível que pareça, não! Lucros devem ser criados sobre fundamentos sólidos! Resultados também devem ser medidos pela rentabilidade do negócio. De nada adianta os lucros terem aumentado se os investimentos para consegui-los foram desproporcionais ao resultado.

A cada dia, a empresa precisa gerar melhor retorno sobre o investimento feito. A preocupação de seus líderes deve estar focada, principalmente, nas margens praticadas. Que percentual das vendas fica como resultado líquido para os proprietários? Obviamente, deve-se buscar o ponto ótimo entre as margens praticadas e a intensidade de vendas dos produtos. Itens que vendem (ou giram) muito permitem margens mais baixas. Produtos de menor rotatividade demandam margens maiores.

Aumento de margem é um trabalho técnico, centrado nos detalhes, para reduzir custos e gorduras. Aumento de rotatividade é uma atividade estratégica, com o intuito de obter nível de vendas igual (ou maior) ao atual, com investimentos menores (ou iguais) que os atuais. Ao maximizar margens e rotatividade, estaremos maximizando a rentabilidade. E esse é um exercício diário.

Com informações exatas em mãos, é preciso saber extrair do universo financeiro da empresa os dados necessários para decidir pelos caminhos certos.

Saiba avaliar o verdadeiro significado dos números! Mais uma vez: quanto mais você souber enxergar o que está por trás dos números, mais os relatórios irão mantê-lo informado sobre a saúde da organização.

2. Possuir números confiáveis

Correndo o risco de ser chato, insisto: os números têm de ser de total confiança para que você possa administrar seu negócio!

Você não vai conseguir pilotar um avião com um mapa com informações erradas. É como aquela história em que o fulano entra no elevador do prédio e o ascensorista pergunta: "Qual andar?". O outro responde: "Qualquer um, já entrei no prédio errado mesmo!".

No caso das finanças da organização, você é responsável pela criação do mapa que vai orientar suas análises e decisões. Números falsos levam sempre a decisões erradas. Atenção especial aos estoques e aos produtos encalhados! Produtos fora de moda devem ter seu valor atualizado. Créditos podres, por exemplo, foram responsáveis pela derrocada dos bancos japoneses.

Sempre que algo pareça estranho, pergunte, e não se contente com uma resposta superficial.

Quando desconfiar dos números apresentados, peça a contratação de uma auditoria.

Tenha a determinação de questionar tudo o que não se mostre transparente. Como é triste ver pessoas ingênuas que confiaram em seus auxiliares e hoje estão quebradas por não terem checado os relatórios. Estavam sendo roubadas e não conferiram os números do estoque. Não perceberam que vendedores recolhiam suas comissões e depois aceitavam a devolução dos produtos, mas não devolviam os valores recebidos. Iludiram-se com informações equivocadas e, quando se deram conta, estavam sem a empresa.

Por isso, implante um sistema de gestão fechado que bloqueie qualquer tentativa de manipulação. Invista o necessário para que as informações sejam seguras. Informação errada é pior que falta de informação.

3. Trabalhar com orçamento claro

Toda empresa precisa ter um orçamento. É ele que mostra o mapa de performance esperada da organização. Se o balanço revela o estado atual da firma, o orçamento mostra o que se espera dos profissionais. É um mapa do caminho a ser percorrido.

Quando os balancetes assinalam que as vendas estão muito baixas em relação ao orçamento planejado, uma luz vermelha deve acender. E, nesse caso, as causas precisam ser analisadas. Será que a concorrência lançou um novo produto ou está fazendo uma promoção arrojada? Será que o pessoal de vendas está desmotivado?

Se os gastos estão maiores do que o planejado, é hora de tomar uma atitude. Será que os funcionários estão fazendo muitas horas extras? Será que as contratações estão fora do programado? Será que está havendo desperdício de material? Ou o departamento de compras não está conseguindo negociar bem com os fornecedores?

Embora as mudanças aconteçam cada vez mais intensamente no mundo dos negócios, o orçamento mantém todos atentos aos resultados e indica se os objetivos estão sendo cumpridos.

O orçamento permite que os planos se concretizem. O envolvimento – e o comprometimento – de todos na elaboração do orçamento possibilita que os projetos sejam bem trabalhados.

O orçamento define ainda o tamanho de sua equipe e como você vai recompensá-la (o que pode ser traduzido por motivá-la). Ele mostra de quanto os colaboradores dispõem para realizar suas metas e como estão em relação aos objetivos. Caso o orçamento mostre performance em baixa, é melhor fazer algo para os bônus não desaparecerem!

4. Fazer o controle da evolução dos resultados

Da mesma maneira que o piloto de avião precisa monitorar a rota o tempo todo, você precisa ficar de olho nos números.

A maioria dos presidentes de empresa que admiramos começa o dia conferindo os números do dia anterior. Em geral, eles decidem suas ações com base no que mostram esses dados. Se uma unidade de negócios apresenta números fracos, é hora de fazer uma visita para ver de perto o que está ocorrendo. O departamento de compras está estourando o orçamento? Vamos fazer uma reunião para conhecer as causas.

Depois das conversas, elabore um plano com sua equipe e, principalmente, faça um acompanhamento para que todos vejam que o chefe está interessado nos números. Cada vez que um colaborador lhe trouxer um relatório financeiro, leia-o com atenção. Chame essa pessoa para uma conversa. Faça perguntas. Realize reuniões com sua equipe para analisar o balancete. Peça que o responsável o envie com alguns dias de antecedência para que todos possam analisá-lo e discuti-lo.

Se você não consegue entender o significado dos números, arrume um "professor particular" para analisá-los com você. Depois de algum tempo, será automático consultar o painel de controle, assim como o motorista olha no espelho retrovisor antes de fazer uma manobra.

Desenvolva o hábito de monitorar as finanças de sua organização e você vai perceber como os resultados vêm mais facilmente.

5. Valorizar os números na hora de tomar decisões

Aprendi uma lição empresarial de maneira muito dramática. Anos atrás decidi investir num bar com outros dois sócios. Fiz a inversão de capital para investimentos, montagem, reforma etc. As previsões orçamentárias estavam erradas e eu já havia liberado o triplo do combinado, e nada de o negócio abrir.

Um dia, quando a "água derramou", chamei os sócios e revimos os números. A realidade era trágica. Precisávamos investir ainda o dobro do previsto. Disse aos sócios: ou vocês assumem e eu saio ou eu assumo e vocês saem. Decidiram sair, e assim me tornei empresário da noite, com um pub de rock em São Paulo, que só veio a equilibrar-se três anos depois. Um belo prejuízo e uma grande lição.

No mundo das grandes corporações, belas lições tomamos também ao ficarmos reféns de planos de negócios superdimensionados, por falta de coragem para revisão. Grandes erros só são descobertos depois das catástrofes.

Quando você valoriza os números, às vezes precisa tomar medidas antipáticas e doloridas. Mas elas vão levar você ao sucesso.

Medo de conflito é uma das causas por que os líderes falham.

Baseie-se nos demonstrativos financeiros para tomar decisões estratégicas. Saiba identificar os pontos fracos da empresa nos relatórios e trace suas estratégias de forma a buscar o ideal para seus números.

Planeje suas dívidas. Faça um orçamento detalhado de qualquer expansão. Analise se seus recursos estão à altura do projeto. Tenha sempre um plano alternativo para o caso de os resultados demorarem a aparecer, pois, quando os investimentos tardam a dar retorno, as dívidas passam a ser o grande vilão da história.

O segredo do crescimento é acumular para ampliar e, depois, investir. Quando o investimento conseguir gerar recursos suficientes para financiar outra fase de crescimento, o negócio deve ser novamente expandido, sem a pressão excessiva das dívidas mal planejadas. Se isso não for feito, cada nova fase do investimento será um drama: com o caixa sempre escasso e todas as linhas de crédito da empresa exploradas nos limites, compromete-se o poder de barganha com os credores.

Crescer é preciso, e arriscado também. Às vezes a padaria lucrativa de um bairro de classe média é a semente de uma catástrofe empresarial quando o dono resolve expandi-la e criar uma rede de padarias. Ou o caso da multinacional bem-sucedida, que decide ampliar sua linha de produtos e passa a amargar prejuízos. Ou ainda da loja de rua que opta por abrir uma filial no shopping mais sofisticado da cidade e suas despesas aumentam muito.

A sede de ampliação dos negócios é quase irresistível para os profissionais de sucesso, mas alguns questionamentos são pertinentes. Será que é o momento? Será que é dessa forma? Será que dispomos dos recursos para essa expansão? Será que temos competência para enfrentar os novos concorrentes?

Lógico que sempre existe uma maneira de crescer, mas o líder deve analisar todos os fatores antes de entrar numa nova empreitada. É preciso ousar, mas depois de ter analisado as oportunidades e também as ameaças implícitas no projeto.

Um aspecto a ser dominado pelo líder financeiro é o limite do capital de giro. Basicamente, é preciso saber o tamanho de cada passo que a empresa pode dar. Crescer é muito diferente de inchar. De nada adianta abrir outras unidades e conquistar novos mercados se o custo para obter esse crescimento supera os resultados obtidos.

Em geral, os custos indesejáveis surgem de dívidas contraídas para concretizar os planos de expansão. E o pior é que, quanto maior e mais sólida a empresa, maior o risco, pois o crédito se mostra mais fácil e acessível. E às vezes, para piorar, a arrogância de algumas pessoas de sucesso faz com que não valorizem os riscos da expansão.

6. Reunir pessoas de confiança, capazes de fazer as análises financeiras em profundidade

A primeira idéia aqui é que não podemos confiar cegamente em ninguém, nem em um sistema de informações. É preciso ter sempre o cuidado de analisar e discutir os aspectos numéricos da organização.

Você deve cercar-se de pessoas honestas e competentes. Não é possível confiar em alguém que não conhece sua área de atuação, como o contador que não se atualizou na legislação tributária e, como resultado, seus clientes pagam mais impostos do que o necessário, destruindo a margem de lucro.

Empresas sob a condução de incompetentes acabam cometendo erros gravíssimos. É comum ver amigos do dono tomando conta do dinheiro da organização sem nunca terem trabalhado em um departamento financeiro. Por outro lado, se as empresas são assessoradas por gente experiente mas de caráter duvidoso, elas também vivem sob eterna ameaça.

Só existe um jeito de quebrar uma empresa: vender com prejuízo. O gerente financeiro deve ser duro nos momentos em que as pessoas se distraem. Ele precisa levar os temas desagradáveis para as reuniões, chamar a atenção para os desperdícios e fazer a equipe refletir o tempo todo se o dinheiro gasto em um projeto dará mais retorno do que aplicado no banco.

Lembre-se: o líder capacitado é capaz de fazer análises financeiras, monitorar o orçamento e levar os assuntos desagradáveis para as reuniões.

Exija competência de sua equipe. Não aceite justificativas para erros relacionados a dinheiro e, principalmente, a confiança. Nas finanças da organização a improvisação deve ser palavra proibida, pois em geral dá margem a fraudes. O sistema financeiro deve ser tão organizado que você nunca precise confiar em ninguém.

Costumo dizer às pessoas da minha equipe: "Por favor, façam tudo corretamente para que eu nunca precise acreditar em vocês". Quando se precisa confiar em alguém, esse é um forte sinal de que o sistema não é seguro e, portanto, você deve aprimorá-lo ou substituir as pessoas encarregadas de fazê-lo funcionar.

Onde está o dinheiro mora a tentação. Não crie oportunidades para ser enganado.

7. Trabalhar com pessoas conscientes da importância das finanças

O líder é capaz de conseguir o comprometimento de todos com os resultados financeiros da organização, desde o respeito ao orçamento até o controle dos gastos diários.

Você convida sua equipe a participar da elaboração do orçamento?

Você discute com todos os resultados atingidos mensalmente?

Você reconhece os esforços da equipe por meio de uma política de participação nos resultados?

Você procura envolver a equipe no cumprimento do orçamento?

Seus colaboradores devem sentir que o resultado financeiro é responsabilidade coletiva. Quando isso acontece, todos são capazes de economizar e trabalhar para aumentar os lucros da empresa. Quanto mais pessoas do time participarem, melhores serão os resultados. É papel do líder conseguir esse comprometimento.

Todo indivíduo, do funcionário de menor salário ao presidente, deve começar o dia com a consciência de que o sucesso profissional e a manutenção do emprego dependem dos resultados consistentes da empresa. Cada um precisa sentir-se responsável pelo sucesso da organização e se orgulhar disso. O líder financeiro deve fazer de cada colaborador um vigilante dos custos da empresa, somando esforços para atingir resultados melhores.

É você, como líder, que vai criar uma equipe com prazer de enfrentar obstáculos, de vencer a concorrência e, acima de tudo, de fazer melhor seu trabalho todos os dias. E deve começar em você a consciência de que somente em um lugar onde se valoriza o trabalho de todos não há joguinhos de poder e a cooperação é estimulada.

Agora que você refletiu sobre suas competências financeiras, a seguir vamos traçar um plano de ação para aumentar ainda mais sua capacidade de criar resultados:

Desafio	Meta	Prazo
1. Interessar-se pelas finanças de seu departamento e de sua empresa		
2. Possuir números confiáveis		
3. Trabalhar com um orçamento claro		
4. Fazer o controle da evolução dos resultados		
5. Valorizar os números na hora de tomar decisões		
6. Reunir pessoas de confiança, capazes de fazer análises financeiras em profundidade		
7. Trabalhar com pessoas conscientes da importância das finanças		

"**Sem sombra de dúvida**, quando se fala em liderança, não podemos deixar de mencionar o lado feminino do ponto em questão. A mulher desde sempre teve grandes contribuições e participações ativas nos capítulos que contam a história, desde a criação até a contínua evolução do mundo.

As lideranças femininas apresentam qualidades evidentes, refletidas em grandes nomes. Uma das mulheres mais reconhecidas no mundo todo pela sua liderança nata é Madre Teresa de Calcutá. Essa mulher, que desde pequena sabia qual seria a sua missão, conseguiu de um mundo masculino como é o Vaticano a confiança plena para obter recursos e ajudar aqueles que mais precisavam. Madre Teresa, religiosa responsável, Prêmio Nobel da Paz, conseguiu também por meio da sua liderança converter a religiosidade em benefício social.

Dentro da política sul-americana, uma das líderes mais importantes foi Eva Perón, a argentina que colocou em prática todo o seu poder de persuasão e chegou a conquistar a massa social para libertar seu companheiro e levá-lo até a Presidência. Evita teve uma vida curta, mas seu poder de liderança impulsionou toda uma série de transformações sociais, como as conquistas pelo voto feminino e a criação do Partido Feminino Peronista, entre tantas outras. Uma líder espiritual, como diziam os argentinos.

Outra mulher de destaque é a polêmica e extrovertida Madonna, uma artista que não mediu pudores na hora de deixar transparecer a sua vontade de libertação e de libertação do seu próximo. Madonna foi imitada por multidões e desejada no palco por todos. Conseguiu liderar e libertar por meio de sua sensualidade uma multidão de tímidos e reservados; através de seu domínio, se tornou a diva mais admirada até por quem não queria admirá-la.

Vemos dessa forma que o verdadeiro líder não tem gênero: pode ser masculino ou feminino. O que importa é não deixar de ter gênero: em qualquer âmbito, ATITUDE!"

Karina Susana Mizrahi, coordenadora do departamento de espanhol das Escolas PBF/Fundação Fisk

12

Como evitar uma falência

"O prêmio mais cobiçado pelas pessoas é a seleção para a próxima missão, ainda mais difícil."

Michael Treacy e Fred Wiersema

É preciso revolucionar os resultados: ter um plano de ação para levar sua empresa do prejuízo ao lucro!

Talvez a condição de sua firma seja mais grave, com credores rondando e alto endividamento. Se a insônia é sua companheira de todas as noites, vamos enfrentar juntos esse problema. Transformar uma empresa deficitária em lucrativa é uma das habilidades que mais admiro. Considero lindas as histórias de empresas que estavam à beira da falência e voltaram a crescer.

Se você está vivendo uma situação radical, chegou o momento de encarar mesmo esse desafio. Agora, é olhar de frente e fazer o que deveria ter sido feito há muito tempo.

1. Pare de se enganar e enfrente os problemas

Empresários e executivos iludidos sempre acham que vai acontecer um milagre capaz de alterar o cenário do jogo. Enquanto eles se iludem, os prejuízos aumentam e as dívidas se multiplicam. Nesse caso, os profissionais sensacionais vão embora, porque não querem trabalhar para gente que não enxerga a realidade. Eles até toleram ficar sob fogo de artilharia, desde que percebam que os líderes estão conscientes das dificuldades.

2. Coloque o lucro como prioridade número 1 da empresa

Agora é o momento de todos se unirem em torno de um único objetivo: o lucro. Esqueça o aumento de faturamento, a construção de uma nova sede e as contratações. Engavete todos os projetos que não têm como objetivo direto trazer dinheiro para a empresa. Antes de fazer qualquer coisa, todos devem responder a esta questão: que lucro essa ação vai dar? Quem não se compromete com o lucro deve ser demitido sem a mínima compaixão.

3. Contrate um advogado sensacional

Bons advogados apontam caminhos em momentos de indecisão. Uma empresa desorientada, eu diria quase com toda a certeza, precisa trocar de contador. Um verdadeiro profissional teria mostrado as mudanças profundas que deveriam ter sido feitas quando os números começaram a ficar negativos.

Na maior parte das vezes em que uma empresa está fechando as portas, soterrada em dívidas, um contador omisso não deu o grito de alerta. Bons advogados e contadores são fundamentais para resolver situações como essas. O empresário deve conversar com eles todos os dias, ouvir suas opiniões e seguir seus conselhos, pois, numa situação de crise, é comum perder as referências e não saber mais o que é certo ou errado.

4. Corte os gastos radicalmente

O líder precisa expor a situação e solicitar a colaboração de todos para a redução de gastos. Se as demissões forem necessárias, a empresa jamais deve despedir os vendedores, a menos que contrate outros, pois vender é o único caminho para fazer dinheiro.

Os executivos precisam cortar todos os gastos e autorizar pessoalmente os inevitáveis. Vão descobrir por que a empresa está nessa situação. Aprendi com meus conselheiros financeiros que, quando você acha que já cortou tudo o que podia, não fez nem a metade do que é possível.

5. Diferencie os credores

Credores intolerantes serão atendidos pelo departamento jurídico, mas aqueles que acreditam na capacidade da empresa de mudar o resultado do jogo devem ser tratados como parceiros eternos. São eles que mantêm seu crédito mesmo sob risco de falência e, portanto, são fortes aliados na reconstrução do negócio.

6. Reorganize as dívidas

Conversar com o advogado ou o contador e negociar as dívidas é uma atitude inteligente. Até os bancos preferem que a empresa pague menos, mas pague algo. Os credores sabem que, se a empresa fechar as portas, a possibilidade de receberem será mínima. Deve-se saldar primeiro as dívidas com juros mais elevados e as dos fornecedores que continuam operando com a empresa. Aos outros, paga-se na Justiça.

7. Alimente o que dá lucro e feche o que dá prejuízo

Essa ação é típica dos executivos norte-americanos. Eles fecham sem piedade as unidades de negócios que estão no vermelho. Simplesmente dão um prazo de três meses para a unidade deficitária sair dessa condição e, se o lucro não vem, paciência, é preciso baixar as portas. As unidades rentáveis são motivadas a proporcionar mais lucro. Todos se envolvem e procuram ajudar a fazer dinheiro. Enquanto não estiver gerando lucro, a empresa deve suspender qualquer projeto de expansão.

8. Desenvolva a cultura de união dentro da empresa

O líder precisa conversar sempre com as pessoas de sua equipe e mostrar quanto são importantes para a empresa, sobretudo num momento crítico. Deve estabelecer metas e celebrar seu cumprimento, pois é preciso manter os colaboradores motivados.

Caso seja necessário dispensar alguns funcionários, o empresário ou o executivo deve fazer isso num único dia, em seguida reunir os demais e dar sua palavra sobre a permanência deles na empresa, mantendo o medo longe do ambiente de trabalho. Os colaboradores já têm preocupação suficiente para também ficar administrando o receio de ser demitidos.

Cada um deve se sentir dono da empresa e se comprometer com as mudanças. Quando a organização conseguir reverter o quadro, as vitórias serão comemoradas com muita alegria, e elas têm de ser de todos.

* * *

Essas oito medidas são simples, não demandam investimentos maciços e viabilizam o restabelecimento da saúde financeira da empresa. Coloque-as em prática e mantenha o foco nas condições necessárias para obter crédito – a grande moeda do mundo dos negócios – e para motivar os colaboradores a surpreender clientes e fornecedores. Mãos à obra!

13

Não deixe que as dívidas decidam sua carreira

"Trate as pessoas como se fossem o que poderiam ser e você as ajudará a se tornar aquilo que são capazes de ser."

Goethe

Os empresários brasileiros, quando começam a ganhar dinheiro, querem sede própria, compram carro novo, contratam dezenas de consultores e contraem dívidas. Para saldá-las, por fim, passam a fazer negócios que não interessam.

Outro dia, conversando com a gerente de vendas de uma rede de franquias de lojas de calçados, ela me contou que as unidades iniciariam uma liquidação. Estranhei: aquele não era o perfil da rede. Então, ela me explicou que tinha sido uma decisão para atender ao pedido dos franqueados, que precisavam fazer dinheiro.

Por que esses lojistas contraíram dívidas? Porque gastaram sem necessidade. Todo mundo que faz gastos desnecessários precisa fazer caixa.

No Brasil geralmente as dívidas são conseqüência de projetos mal estruturados. Meu financeiro sempre diz que o corte de custos nunca é imediato, mas o de entradas, sim. Lamentavelmente, muitas pessoas têm a mentalidade de gastar sem planejar.

Em outra ocasião, conversava com uma gerente de banco e falávamos de sua agência e de seus clientes. Perguntei sobre as metas, e ela respondeu com um sorriso nos lábios: "Meus clientes ganham pouco e, por incrível que pareça, facilitam minha vida, pois adoram comprar".

Parece que ela tem razão: existe uma mania exagerada de gastar. As pessoas compram por conta do décimo terceiro salário, diante da perspectiva de aumento de remuneração e do bônus que imaginam receber em breve. Fazem a alegria dos vendedores e dos gerentes de banco, mas criam angústia para sua vida.

Pessoas sem dinheiro gastam, e ricos investem! Por isso ganhar bem não é sinônimo de ser rico. O pior de tudo é que as pessoas com dívidas tomam decisões com o objetivo único de pagá-las. Abandonam um emprego com perspectivas maravilhosas para se transferir para empresas medíocres, com a promessa de salário um pouco melhor. Desistem de projetos promissores porque têm dívidas que impedem um investimento melhor. Chegam a usar todo o fundo de garantia para pagar agiotas.

Por vezes, compram canetas caríssimas e não têm dinheiro para cursar uma faculdade... Vestem ternos elegantes, mas não podem pagar a pós-graduação... Vivem jantando fora, porém não conseguem economizar para fazer uma especialização no exterior...

A mesma coisa se dá com empresas perdulárias: constroem uma sede deslumbrante, mas não têm dinheiro para treinamento. Distribuem carros do ano aos diretores, porém não conseguem investir em tecnologia. Promovem festas monumentais, embora não possam bancar uma pesquisa de mercado.

Aprenda a não criar dívidas desnecessárias, para que sua vida não se transforme em uma eterna luta para pagar empréstimos.

14

Os sete desafios dos líderes que fazem acontecer

"A maior habilidade de um líder
é desenvolver qualidades extraordinárias
em pessoas comuns."

Abraham Lincoln

Os líderes influenciam suas equipes de duas maneiras: com presença e com orientação. A simples presença do líder cria alinhamento, consciência e integração. O poder emana de seus propósitos, exemplo e sabedoria. As pessoas sentem sua presença, ele não precisa gritar para ser ouvido. Sabe tocar o coração de cada colaborador, ajudando na realização de seus sonhos. Acima de tudo, ele ajuda a ter fé!

O líder capacitado sabe muito, mas sua curiosidade é enorme. Ele quer saber sempre mais para conduzir sua equipe ao sucesso e se dedica a isso de corpo e alma. Suas orientações são acompanhadas de um olhar estimulante, semelhante ao de um pai carinhoso.

Nesta altura, você deve estar refletindo: "Tudo bem, Tejon. Esse é o líder que eu quero ser. Mas o que preciso fazer para chegar lá?". Bem, para isso vamos cuidar dos novos desafios que os líderes precisam enfrentar. Como ninguém é perfeito, você deve ter aspectos que precisam ser aprimorados, e nós trabalharemos nisso. Vamos procurar juntos o mapa do tesouro!

Nas próximas páginas, há uma série de perguntas sobre as habilidades dos líderes e sua capacitação. Para cada conduta proposta, responda:

- **Sim**, quando você já possuir a habilidade.
- **Não**, quando não a possuir.
- **Mais ou menos**, caso seja algo que você faz, mas não se sente inteiramente seguro.

Cada resposta **sim** vale 0 ponto; **mais ou menos**, 1 ponto; e **não** soma 2 pontos.

Novamente relaxe! O Sigra foi idealizado para que você encontre o caminho sem tensão nem preocupação.

Sim	Não	+/–	1. Conhecer o negócio da empresa
			1.1 Você conhece bem todos os produtos e serviços da empresa?
			1.2 Você conhece os diferentes setores da empresa?
			1.3 Você auxilia todos, inclusive seu chefe, a enfrentar novos desafios?
			1.4 Você é capaz de discutir os resultados e os novos projetos da empresa?
			1.5 Você tem consciência de que é seu dever produzir lucro e criar uma empresa melhor?
			PONTUAÇÃO

Sim	Não	+/–	2. Administrar o presente enquanto cria o futuro
0			2.1 Você acompanha a realização dos projetos atuais e futuros da empresa?
0			2.2 Busca sempre conquistar novos clientes, sem se esquecer de encantar os que já tem?
		1	2.3 Nas reuniões, você tem coragem de abordar temas que podem gerar desconforto na equipe?
		1	2.4 Você sabe transformar cada cliente em vendedor ativo de sua empresa?
		1	2.5 Você sabe criar novos negócios?
3			PONTUAÇÃO

Sim	Não	+/–	3. Transformar ameaças em oportunidades
		1	3.1 Você sabe ver o lado positivo nos momentos de crise?
0			3.2 Você respeita seus adversários para não ser surpreendido por eles?
		1	3.3 Você é fascinado pelo "pensar diferente"?
0			3.4 Você procura aprender o máximo sobre o problema antes de desistir ou se desesperar?
	2		3.5 Você é rápido em dar resposta a uma ameaça?
4			PONTUAÇÃO

Sim	Não	+/-	4. Criar paixão por resultados
			4.1 Você vai sempre em busca de resultados e estimula a equipe a superar seus limites?
			4.2 Você estabelece metas claras e só relaxa quando as realiza?
			4.3 Você é assertivo e sabe "dar uma dura" na hora certa?
			4.4 Você sabe reconhecer quem entrega resultados?
			4.5 Você sabe aprimorar a produtividade de seus profissionais?
			PONTUAÇÃO

Sim	Não	+/-	5. Facilitar o aparecimento de líderes
			5.1 Você sabe elogiar seus colaboradores?
			5.2 Você está sempre em busca de talentos não desenvolvidos nas pessoas?
			5.3 Você sabe motivar os colaboradores a participar e assumir novos desafios?
			5.4 Você estimula a chefia a valorizar seus colaboradores?
			5.5 Você dá *feedback* preciso e honesto?
			PONTUAÇÃO

Sim	Não	+/-	6. Criar equipes integradas e comprometidas
			6.1 Você sabe despertar em todos o compromisso com os projetos da empresa?
			6.2 Você cria ganhos para todos e faz com que se sintam importantes para a equipe?
			6.3 Você procura a função na qual cada elemento da equipe possa produzir melhor?
			6.4 Você envolve os funcionários com os problemas, projetos e ações da empresa?
			6.5 Você é conciliador e sabe lidar com conflitos?
			PONTUAÇÃO

Sim	Não	+/-	7. Evoluir sempre
			7.1 Você é um eterno curioso?
			7.2 Você tem humildade para analisar seus pontos fracos e aceitar as críticas?
			7.3 Você é ambicioso e quer sempre mais?
			7.4 Você sabe transformar sentimentos negativos em atitudes construtivas?
			7.5 Você encara o trabalho como um meio de evolução e crescimento?
			PONTUAÇÃO

Os melhores desafios são aqueles que despertam a alma do guerreiro, exigem a presença de espírito de um sábio e a força de um campeão.

Você tem trabalhado para expandir sua liderança junto à equipe, mas ainda falta alguma coisa... Vamos descobrir o que é!

Volte ao questionário e some os pontos acumulados em cada tópico. Caso a contagem ultrapasse a marca de 4, trata-se de um aspecto que merece cuidado especial.

Mais uma vez, a postos! Vamos, juntos, desenhar o mapa do tesouro.

1. Conhecer o negócio da empresa

É importante conhecer as peculiaridades do ramo em que se atua e ter afinidade com elas. Antes disso, porém, é preciso entender de negócios. Uma falha do brasileiro é que, em geral, conhece seu trabalho, mas pouco sabe de administração. O professor Stephen Kanitz sempre diz que, nos Estados Unidos, 67% dos empresários têm curso de administração de empresas.

No Brasil, ninguém estuda a respeito, mas todo mundo acha que entende de negócios.

Mesmo que não tenha cursado administração, o líder deve conhecer fluxo de caixa, finanças, marketing, processo produtivo, vendas... Precisa saber responder à pergunta: "Como se ganha dinheiro nesse negócio?". E precisa aprender a gostar do que não gosta, mas é vital.

Valorizamos em excesso a motivação, sem nos darmos conta de que apenas garra e determinação não resolvem nossos problemas. O eletricista comprometido e motivado ainda assim precisa conhecer o sistema elétrico.

Uma gerente de marketing, por exemplo, não tem o direito de não conhecer Philip Kotler, ou, se brasileira, Marcos Cobra. Certa vez, ao término de uma conferência, eu estava autografando alguns livros quando uma participante me disse: "Tejon, adoraria que meu chefe estivesse aqui. Ele não valoriza marketing. Não escuta o que eu digo". Pensei tratar-se de mais um caso de chefe que não ouve a equipe. No momento seguinte, resolvi verificar se a pessoa sabia do que estava falando. Perguntei, então, se conhecia Philip Kotler, Raimar Richers, Francisco Gracioso. Trabalhava em marketing e não tinha lido os papas da área.

Na hora de tocar um negócio, também é importante considerar a curva de aprendizagem. Costuma-se dizer que são necessários de nove meses a um ano para aprender sobre um novo negócio. É preciso levar em conta esse período e ficar tranqüilo.

A maioria das pessoas acha que, se souber fazer bem alguma coisa, o sucesso estará garantido. Quem diz "Meu negócio é finanças" ou "Minha área é recursos humanos" não percebe que precisa conhecer a empresa inteira. Seu novo papel exige atuação ampla, pensar na organização como um todo, e não simplesmente em tarefas ou funções estanques.

Hoje o profissional precisa ser polivalente. Tem de ser ótimo em várias especialidades, assim como Jô Soares, que é entrevistador, humorista, *showman*, escritor, pintor, enfim, multiespecialista. Por isso é imprescindível gostar de estudar, analisar, conversar sobre negócios, finanças, mercado... Afinal, o líder que faz acontecer sabe que, independentemente do cargo ou da função, ele deve pensar e agir como presidente da organização.

Seja muito competente – lembre-se: atitude, conhecimento e ação! O campeão não fica sentado na cadeira esperando que o chefe aponte as soluções para seus problemas. Por ser uma pessoa à frente de seu tempo, ele visualiza as tempestades e prepara sua equipe para as horas de turbulência.

Assim, conhecer o negócio da empresa significa ter competência para intuir, imaginar, farejar novos negócios e também perceber os obstáculos que certamente surgirão no meio do caminho.

O líder sabe do que as pessoas vão precisar antes que elas mesmas percebam.

E fique muito atento! Porque tudo que era considerado vantagem competitiva pode estar virando obrigação. Um exemplo que gosto de citar é o da picanha. Quando Fouad, dono do Dinho's Place, inventou a moda da picanha anos atrás, isso era uma vantagem competitiva nas churrascarias. Hoje é obrigação, e vale pouco. Vantagem competitiva nas churrascarias de São Paulo atualmente é sushi, camarão, carne de codorna e javali.

Pontualidade no trabalho é vantagem competitiva? Não, é obrigação. "Ah, mas sou honesto, dedicado e vou ser demitido", pode argumentar o profissional com um pé na rua. Pois isso tudo é obrigação e responde por muito pouco na composição salarial. Em contrapartida, se você não responde pela obrigação, está fora do jogo. Então, o fato de entender do negócio não é vantagem competitiva, é obrigação.

Vantagem competitiva é:

- Percepção, para sacar o que vai acontecer.
- Idéias, para enfrentar ameaças e aproveitar oportunidades.
- Capacidade de fazer, que, em geral, é obrigação, mas anda tão em baixa que voltou a ser vantagem competitiva.

2. Administrar o presente enquanto cria o futuro

Antes, existiam três dimensões de tempo totalmente separadas: passado, presente e futuro. Hoje as três acontecem ao mesmo tempo!

O passado é a repetição do que foi semente de sucesso ou de fracasso. O presente é a recriação, neste exato momento, das memó-

"Liderança é mais que um conjunto de técnicas, recursos que podem ser encontrados facilmente em manuais de treinamento. Liderança é postura, estado de espírito e atitude. Se soubermos o que estamos fazendo, e conhecendo e avaliando corretamente o ambiente em que estamos envolvidos, bastam estas três qualidades para ser um bom líder. Ou melhor, ser um líder, porque não tem bom, mau, regular. Ou se é um líder, ou não se é.

Quanto à POSTURA, pessoal e profissional, a exemplo da "mulher de César", o líder tem de ser honesto e parecer honesto. As pessoas não acreditam e, portanto, não aceitam a liderança de alguém que é ou parece ser dissimulado, não confiável. Colocando essas características de personalidade no positivo, um líder tem de ter e aparentar honestidade, transparência, sinceridade e coerência. Nas palavras, nos gestos e nas ações.

Com relação ao ESTADO DE ESPÍRITO, entendo que o potencial líder deve ter claro em sua mente o que vai fazer, ter conhecimento e disposição para fazê-lo, saber quais são seus principais objetivos e ser firme na convicção de que poderá cumpri-los. Acreditar nesses objetivos é condição prévia para transmiti-los a seus liderados, com ênfase e credibilidade; transformá-los em metas comuns de todos; e conseguir atingi-las.

Por último e tão importante quanto, o líder precisa ter ATITUDE, que pode ser traduzida em firmeza de posições, determinação em persegui-las e alcançá-las, tornar críveis e viáveis as propostas e, fundamentalmente, dar sempre e sistematicamente o exemplo. Exemplo de seriedade, de trabalho, de comportamento, de lealdade e de respeito mútuo.

Finalmente, vale destacar o aspecto COMPORTAMENTO. O líder não pode se "distrair", porque ele é o personagem mais exposto, mais observado e mais sujeito a oscilações de temperamento. Deve mesclar a paciência e o benefício da dúvida com energia e cobrança inclemente e contínua de resultados, por meio da exigência de postura adequada, do estado de espírito incorporado e da atitude positiva.

Como se vê, são muitas as capacitações exigidas para o exercício de liderança eficaz, e por essa razão líderes autênticos são tão raros. Se, não obstante, conseguir operacionalizar todas essas qualidades, você será um líder. Mais que isso: será um formador de líderes."

Eduardo Nuno Ferreira de Sousa, que presidiu a
Oesp Gráfica, do Grupo Estado, por 16 anos,
além de ter liderado empresas na Holanda e em Portugal

rias que não se consegue abandonar. E o futuro é a conseqüência do momento presente. Ou seja, o futuro já vive agora.

O líder sabe que o futuro se prepara no presente e trabalha duro para que o amanhã seja da maneira que deseja. Contudo, sabe também que não pode parar para construir o futuro.

Para implementar novos projetos, o líder conta com uma equipe competente e acompanha pessoalmente cada plano para que todos sintam que seu trabalho é importante. Enquanto busca novas oportunidades, ele administra a evolução da empresa e cria a solidez necessária para realizar a revolução que levará seu negócio ao pódio.

O líder sabe identificar problemas repentinos, decodificar os emergentes, corrigir os existentes e analisar o desempenho da equipe, sem perder de vista os objetivos a alcançar. Ele sabe que o futuro é simplesmente o presente bem trabalhado.

Para que crie o sucesso no presente e no futuro, o líder tem de desempenhar três papéis: inspirar, administrar e, em momentos de crise, agir como o chefe de antigamente.

O líder precisa ser inspirador, aquela pessoa que, com seus sonhos e sua força, contagia a todos para que efetuem as transformações necessárias.

O líder deve ser administrador, ter uma meta e um sonho com hora marcada para realizar. E, portanto, precisa ter também um plano para chegar ao objetivo e capacidade de administrar matematicamente esse percurso.

O líder precisa saber ser chefe. Quando a empresa passa por uma grande crise e não há tempo para discussão, é importante que ele saiba dar ordens de forma que sejam cumpridas. Somente nesse caso vale o estilo antigo de usar o poder do cargo.

Imaginemos um incêndio em uma sala de cinema. Nesse momento, não há tempo para diálogo, para reunir-se e decidir em grupo. É preciso firmeza e coragem, alguém que não só tenha a capacidade de acalmar as outras pessoas como também equilíbrio para apontar a saída e conduzir os que estão em desespero, mesmo que isso signifique ficar numa posição de perigo. O chefe tem de entrar em cena!

Levando o exemplo para dentro da empresa, essa pessoa é aquela que, num momento de crise, tem a coragem de apontar caminhos e a força para fazer com que os outros a sigam, apesar do risco, apesar do incêndio.

Em medicina se diz que se o médico não tem opção, o paciente também não tem. Para um médico, é lastimável não ter força para realizar uma ação dolorosa como a amputação de uma perna. Para o paciente, essa dificuldade em executar um procedimento dramático pode ser fatal.

Às vezes, a empresa tem um plano de crescimento de vendas, porém ocorre uma mudança inesperada. Alguém com presença de espírito para enxergar com clareza o momento de decisão precisa colocar o barco na nova rota para que ele não naufrague.

Observo que cada pessoa tem tendência a exercer um desses papéis de liderança.

Há os que são excelentes inspiradores, mas não sabem administrar. São incapazes de estabelecer objetivos e cumpri-los.

Por outro lado, há gerentes que sofrem porque, embora sejam ótimos administradores, não aprenderam a inspirar a equipe. Recebem uma meta, algumas instruções e se saem extraordinariamente bem. No entanto, não sabem olhar o futuro e enxergar a próxima montanha a escalar.

Outras pessoas são grandes inspiradoras, mas durante uma grave crise, em que se faz necessária uma decisão rápida, falham por não saber liderar como um comandante firme.

É preciso observar que, sempre que ocorre uma crise, houve uma falha no sistema de gestão. A pessoa acostumada a liderar a equipe no grito não teve a capacidade de dialogar (característica do líder inspirador) nem de estruturar (facilidade do administrador).

Então, o verdadeiro líder é quem tem a capacidade não só de usar sua competência, sua força principal – seja ela de administração, comando, seja de inspiração – como também de lançar mão de qualquer outra das três qualidades no momento oportuno.

Vivi uma situação que ilustra bem o que estou dizendo, presenciada por cerca de cem executivos da companhia. Um grande erro, que iria provocar o naufrágio da empresa, estava sendo cometido. Para mim, isso estava claro. Pedi a palavra, solicitei um martelo ao pessoal da manutenção e dei três fortes marteladas numa caixa que estava no palco onde ocorria a convenção.

Isso aconteceu na mesma época em que o submarino russo Kursk estava atolado no fundo do oceano, sem luz nem comunicação. Os seus tripulantes só tinham os martelos para bater no casco da embarcação, sinalizando estarem ainda vivos. Após as marteladas, eu disse: "Se fizermos o que estão propondo, estaremos todos no fundo do mar, como o Kursk". Houve uma grande confusão. Parte dos executivos pediu ao presidente a minha demissão. Ele não aceitou, disse que era importante ouvir as opiniões contrárias, mas decidiu seguir com o projeto.

Seis meses depois, o barco "fazia água". Começava a afundar, infelizmente. Foi quando o presidente me chamou e pediu para que eu assumisse o comando. Salvamos a empresa. Existem momentos na vida em que você precisa colocar seu pescoço na frente. O risco de perdê-lo é grande. Porém, vale a pena, pois sua consciência aplaude!

3. Transformar ameaças em oportunidades

O líder adora finais de torneio. Adora trabalhar num pronto-socorro e salvar vidas. Adora ser advogado no julgamento mais comentado do ano. Quando todos os outros se escondem, ele brilha. Onde todos só vêem obstáculos, ele encontra as melhores soluções.

Enquanto a maioria tende a desistir diante dos obstáculos, o líder consegue perceber que sempre existe uma solução. Quando os outros desanimam, ele se torna mais estimulado a usar a criatividade para inventar uma nova maneira de enfrentar um desafio. Sua voz se destaca no meio da multidão. É a voz que encoraja a empresa nos momentos difíceis. É a orientação segura na hora da incerteza!

Esse é o líder, que, quando o adversário marca um gol, pega a bola, motiva o time, organiza a equipe e parte para a virada do resultado. É o zagueiro que marca o gol e garante o título do campeonato aos 47 minutos do segundo tempo!

O líder alimenta-se dos desafios que encontra pela frente, pois não tem medo do desconhecido. Jamais é surpreendido pela revolução, porque foi ele quem a iniciou. Na maioria das vezes, essa pessoa cria uma oportunidade, tira dela o máximo proveito para sua empresa e vai atrás de novas idéias.

O líder procura aprimorar suas habilidades e estar pronto para o desafio. Ele sabe que a boa sorte vem quando a oportunidade o encontra preparado. Se for o reserva do time, ele treinará ainda mais que os outros, porque terá menos tempo para provar que é necessário. Como dizia Thomas Jefferson: "Eu acredito muito em sorte e já percebi que, quanto mais trabalho, mais sorte eu tenho".

4. Criar paixão por resultados

Nossa vida e nossa carreira dependem de resultados. Em uma empresa, esteja certo de que os resultados são responsáveis por sua promoção, não seu chefe! Ou seja, o chefe promove quem entrega resultados.

Conta uma anedota que um padre e um motorista de lotação morreram e foram para o paraíso. Chegando lá, São Pedro mandou o padre para o purgatório e o motorista para o paraíso. O padre ficou muito revoltado e quis saber a lógica. São Pedro disse: "Enquanto você rezava, todo mundo dormia. Enquanto ele subia em calçadas e dirigia como um louco, todo mundo rezava. E, depois de descer da lotação, todos passavam a acreditar ainda mais em Deus".

Resultado é diferente de meta. Meta é o que a gente se propõe conseguir. Resultado é o que a gente realiza, depende da competência.

Há algum tempo, em conversa com Pelé, perguntei:

– Como foi a decisão de não mais jogar na seleção e encerrar sua carreira no Brasil, antes da copa de 1974?

– Foi difícil – disse ele. – Porém, eu sabia que não seria mais o mesmo! Senti momentos de arrependimento. Mas depois agradeci a Deus por ter saído quando todos pediam para eu ficar.

Liderar a si mesmo também é isso, saber quando você precisa abrir mão do poder, pois já não consegue mais ter a mesma performance anterior.

"Quando eu for necessário e ninguém me quiser eu fico, quando eu não for mais necessário e todos me quiserem eu parto." Esta seria a máxima ética de um grande líder!

– Em 1970 – disse Pelé – eu assumi a responsabilidade maior. Eu sabia que ou ganhávamos a Copa ou nunca mais! Me preparei como nunca e não perdemos nenhum jogo, desde as eliminatórias.

– E veja o que é liderança míope – acrescentou Pelé. – Quando fui para os Estados Unidos jogar no Cosmos, fui fazer um curso de inglês. Na mesma escola estava John Lennon estudando japonês. Nos encontramos no intervalo das aulas e ele me disse: "Puxa, Pelé, em 1966 os Beatles quiseram tocar para vocês na seleção e um diretor da delegação não permitiu!". Eu nunca esqueci isso!

Imagine só o sucesso de marketing que teria sido os Beatles com a Seleção Brasileira de 1966! Sei não, acho que teria mudado o resultado daquele mundial... Posso apostar!

Confiança é o estado de espírito de quem conquista uma série de vitórias. Não adianta querer desenvolver auto-estima em um time que só perde. Os resultados definem o moral da equipe.

O líder sabe que a empresa cresce com os bons resultados. Sabe que a auto-estima da equipe aumenta à medida que ela consegue aprimorar seu desempenho.

Às vezes me perguntam quando comecei a valorizar os resultados em minha vida. Foi ainda jovem, ao participar de festivais de música e de teatro. Ou ganhávamos ou não! Os resultados faziam toda a diferença, independentemente do aprendizado da experiência. É claro que, a cada concurso, aumentávamos a autocrítica e melhorávamos o talento de criar músicas mais poderosas e fortes. Ao conquistar meu primeiro prêmio, senti o gosto e o significado de "resultado". O prazer da vitória é o maior estímulo para continuar. O importante é saber que uma grande vitória é fonte de uma série de pequenas vitórias. É um processo.

Aprendemos a obter resultados, assim como também podemos nos acostumar a justificar fracassos! E a vitória leva à consciência da humildade do homem e do humanismo: aprendemos que ninguém vence sozinho, e que nas derrotas somente o bom humor salva. Ao rirmos de nós mesmos, damos o primeiro passo para corrigir nossas falhas.

Em convenções, costumo dizer: "Se vocês gostaram da minha palestra, superem a meta de vendas". Só nesse caso o Tejon será "o cara", pois terá aumentado o resultado.

Ouço nas empresas o discurso de aprender com os erros. Mas ninguém ganha para errar nas operações do dia-a-dia. Se vou lançar um produto, sei que tenho uma margem de erro, mas não sou pago para errar. Nesse sentido, precisamos ser mais rígidos. Ninguém compra um carro para usar a assistência técnica, por exemplo. Compra-se para que ele funcione.

Algum tempo atrás, defini um objetivo na minha empresa e me predispus a atingi-lo. Compartilhei a meta com minha equipe e disse: "Este é o objetivo e este é o mínimo aceitável. Abaixo disso, todos nós colocaremos nosso cargo à disposição dos acionistas. É questão de honra!". Superamos nossos resultados e ainda aprovamos um projeto novo e desafiador para os próximos cinco anos da organização.

Resultado dá moral. Falta de resultado desmoraliza.

Quando os resultados definem nossa vida, a gente trabalha e luta por eles. É aí que entra a competência!

A vitória é um momento inesquecível! E o líder que faz acontecer quer cercar-se de pessoas que colaborem, que vibrem com o trabalho, que sejam parceiras, gente que tenha paixão por vitórias. Seu negócio é produzir resultados com seres humanos motivados.

Para motivar seus colaboradores e despertar a chamada paixão por resultados, o líder conversa com seus atletas, propõe treinamentos específicos, oferece prêmios pelos resultados alcançados, aperfeiçoa as condições de trabalho e consegue a participação de todos!

O "tanto faz" é altamente desmotivador. A melhor sensação que uma pessoa pode ter na vida é a de experimentar seu máximo!

5. Facilitar o aparecimento de novos líderes

Qual é a melhor maneira de ser promovido? Aja como se já ocupasse a posição superior! Experimente, brinque de dirigente. E se você fosse o diretor, o presidente, como faria? Coloque-se no lugar!

Mas não seja irresponsável, ingênuo. Não avise que você pode ser o chefe, o líder, para somente usufruir das benesses do posto. Observe as dores e a solidão dessas posições. Aprenda por que os líderes falham: geralmente é pelo excesso de microgerenciamento – o cara presta atenção na mosca e não vê a boiada. Por comportamento tirânico – afasta as saudáveis opiniões discordantes. Por temer o conflito – evita-o exageradamente e um dia ele explode incontrolavelmente. Ou por fazer certo as coisas erradas – erro de rota, de navegação, de leme.

Portanto, apareça para o jogo agindo como se fosse gerente, empresário, presidente, antes de ser. Um dia ficará óbvio que você já é.

Tive uma experiência fascinante na ABMRA (Associação Brasileira de Marketing Rural e Agronegócio), associação que fundei e voltei a presidir anos atrás. Retornei com uma missão vital: facilitar o aparecimento de novos líderes e rejuvenescer a direção. Isso, sem que a entidade perdesse as coisas positivas de seu lastro, mas provocando um impactante "choque de sangue" para o futuro dessa singular e única entidade.

Volto a afirmar: liderar com a missão de criar novos líderes é uma das experiências mais fascinantes da vida. Temos de verdade a sensação do enorme prazer que é fazer a obra dirigir nossos esforços, ao contrário de sermos dirigidos por nossas agendas pessoais, que põem as obras a nosso serviço, invertendo suas prioridades.

Nesses trinta anos de carreira, tenho observado que a falta de líderes é fatal para o projeto de crescimento de uma empresa. E meu maior trabalho tem sido convencer as pessoas a assumir o papel de líderes, abandonando o apego à posição hierárquica para ajudar a equipe a crescer.

Quando o time cresce, o líder é promovido. Essa idéia muito simples na realidade se transforma em um projeto muito sofisticado porque, infelizmente, a maioria das pessoas pede a promoção antes de merecê-la. Antes de agir como se já a tivesse recebido. O fato cria o direito!

Para pensar: você se cerca de pessoas capazes de realizar com competência seu trabalho e de o substituírem no seu posto, facilitando o surgimento de líderes? Ou, ao contrário, sempre afirma que hoje em dia não existem mais líderes como antigamente?

Em cada um de seus colaboradores existe, freqüentemente adormecido, um campeão. O líder reconhece as fortes árvores ocultas no cerne da semente. Onde os outros vêem mais um *office-boy*, ele consegue enxergar um futuro gerente.

O líder sente prazer em trabalhar com pessoas competentes. Ele investe tempo e energia nelas. Abre espaço para que os membros de sua equipe assumam responsabilidades e comemora o crescimento de seus colaboradores. Nunca se sente ameaçado por eles, pois sabe que precisa de pessoas capazes de realizar bem seu trabalho para obter a promoção tão desejada. Está disposto a ouvir críticas e idéias, seja qual for o nível hierárquico dos colaboradores, porque seu objetivo é atrair, desenvolver e manter pessoas de talento em seu time. Estimula todos a crescer, pois adora trabalhar com líderes, não com empregados.

Liderar é criar autonomia. Fico impressionado com o número de chefes com a mentalidade de que precisam controlar tudo! Os controladores matam as empresas, destroem a capacidade dos colaboradores e, principalmente, a própria vida.

Trabalhei cerca de dez anos ao lado de um excepcional empresário, já falecido: Ney Bittencourt de Araújo, que era presidente da Agroceres. Um homem visionário, arquiteto, carismático e comprometido totalmente com a causa da sua empresa. Com ele aprendi na vida real o poder da liderança libertadora da imaginação criativa. O sentido da criatividade no trabalho.

Como explica Domenico De Masi, sociólogo italiano, o bom local de trabalho é aquele onde você estuda, aprende, trabalha e se diverte ao mesmo tempo. Isso era realidade, e não apenas sonho, na Agroceres do Ney.

Para ser líder é necessário, antes de qualquer coisa, entender de gente.

Por que é tão complicado encontrar excelentes líderes? Porque, quase sempre, não formam equipes independentes e criativas. O bom líder brilha, justamente, ao unir as habilidades de cada membro e elevar a auto-estima de todos para que a satisfação, a felicidade e a boa qualidade de vida sejam os pilares centrais do cotidiano.

Esse discurso soa maravilhoso nos congressos de recursos humanos, mas não existe de verdade no dia-a-dia dos negócios. Infelizmente, as empresas brasileiras estão superlotadas de chefes que querem ser donos de seu feudo e não permitem nenhuma idéia nova em sua equipe. O resultado tem sido catastrófico: prejuízos, erros repetidos e péssimo ambiente de trabalho.

Com isso, a empresa corre o risco de perder seus melhores profissionais. Muitas pessoas ainda pensam que, se a empresa não evolui, os profissionais leais vão permanecer no barco. Essa não é a realidade. Os profissionais sensacionais se desmotivam quando se dão conta de que a empresa não está comprometida com seus objetivos.

Analise se seu primeiro impulso como líder é pensar no outro e estimular a equipe a realizar seus projetos. Esteja certo de que somente assim os objetivos comuns serão atingidos. O bom êxito da equipe cria o sucesso de seu líder.

Num mundo que necessita de empreendedores, não podemos depender de profissionais que ficam à espera de que alguém lhes diga o que fazer.

Só existe uma coisa pior que um funcionário que não faz o que você pede: é aquele que só faz o que você pede.

Um investimento absolutamente desperdiçado nas organizações é o gasto em programas de delegação. Na empresa em que o líder estimula a participação de todos, ninguém precisa delegar nada, pois todos sabem o que fazer.

O chefe que passou a vida toda centralizando decisões e inibindo o crescimento da equipe e, de repente, começa a delegar atribuições a um colaborador, age assim porque se trata da nova filosofia da empresa. O colaborador que não aprendeu a ter autonomia nem adquiriu capacitação fica adivinhando o que o chefe quer. Na verdade, esse chefe geralmente não acredita nas novas determinações. Aproveita-as para reforçar sua importância, atirando o colaborador aos leões. Inconscientemente, quer mostrar que é insubstituível e que os outros são incapazes.

É o caso do dono de uma floricultura que sempre foi centralizador e resolve tirar férias. Organiza um esquema de trabalho para sua ausência e o entrega nas mãos dos funcionários. Delega, como se diz, mas não prepara seu pessoal. Quando volta, encontra o estabelecimento com flores murchas e malcuidadas. Terá uma excelente oportunidade de gritar com todo mundo, chamar as pessoas de incompetentes e dizer a si mesmo que é insubstituível. Mas, com certeza, não vai tirar férias no ano seguinte.

Ele aprenderia mais se olhasse para a loja vizinha. Todo profissionalizado, o negócio opera com uma equipe competente que dá o máximo e produz bem, independentemente da presença do proprietário. Essa floricultura vai conseguir resultados superiores, terá produtos de melhor qualidade, poderá baixar os preços e ganhar mais.

Quem não tem capacidade para conquistar seus liderados acaba usando a força do cargo para se impor e ser respeitado. Na marra, um líder nada consegue. As pessoas podem obedecer por necessidade de sobrevivência ou por medo de perder o emprego. No fundo, porém, o líder sabe que não pode contar com esses liderados. Não há cumplicidade entre eles. É como um general que comanda uma tropa de mercenários. Se surgir uma oportunidade, os soldados se bandeiam para o lado que pagar mais.

Conheci dirigentes que só conseguiam liderar dando mais e mais benefícios a suas equipes. Essa sede de prêmios, recompensas constantes, é insaciável. Então, a cada ano eles pediam mais, e mais os dirigentes precisavam oferecer. É claro, um dia a casa cai. Beija-se a realidade e alguém corta todas as mordomias. O resultado? Invariavelmente aqueles diretores são demitidos, pois ficam impossibilitados de comandar. Líderes que só lideram com o dinheiro, ou com o medo, têm os dias contados.

Pense nisso: se sua equipe ouve o que você diz, respeita suas idéias e tem vontade de segui-lo, você está ajudando as pessoas a realizarem seus sonhos. Se tem de usar a força do cargo para ser ouvido e as pessoas temem o que você diz, ou se tem sempre de pagar altos preços para criar motivação, você ainda não chegou lá.

6. Formar equipes integradas e comprometidas

Um time não é apenas a união de bons jogadores, assim como um casamento não é tão-somente a união de duas pessoas. Muitas empresas naufragaram por terem pensado que basta contratar profissionais competentes para tudo funcionar bem. O líder sabe dar alma a um grupo de pessoas. Da mesma maneira que uma casa não é um lar, uma empresa precisa de uma identidade mágica, criada por um verdadeiro time.

Na empresa, o coletivo deve prevalecer sobre o individual, mas é a valorização da pessoa que desperta seu desejo de trabalhar pelo grupo. Assim como nos esportes, existem técnicos, atletas, dirigentes, roupeiros, massagistas – todos são fundamentais para alcançar o pódio. Cada um precisa desempenhar muito bem seu papel e ter espírito de equipe para obter o melhor resultado.

Mas isso tudo só ocorre se existir um verdadeiro líder. Ele sabe que a imagem da empresa é criada pelas pessoas de menor nível hierárquico. A camareira é talvez a maior responsável pela impressão que o cliente tem do hotel, assim como a aeromoça, o garçom e a recepcionista definem a imagem de suas empresas.

O líder compreende que uma boa equipe deve ter lugar para muitos astros, mas também sabe dizer a palavra mágica que motiva seus astros a trabalharem para a equipe.

As pessoas têm necessidade de ser constantemente incentivadas e elogiadas. O verdadeiro líder nunca se esquece disso.

Com certeza, a primeira dica para você é: dedique mais tempo às pessoas que trabalham a seu lado. Não consigo imaginar um líder que não invista tempo em cuidar de sua equipe. Jack Welch, ex-presidente da General Electric, que foi considerado o melhor executivo do mundo, é um excelente exemplo dessa atitude. Ele devotava cerca de 30% de seu tempo à formação de novos líderes, por considerá-la uma maneira eficaz de fazer sua empresa crescer. E ele estava certo: a pessoa se sente mais competente quando percebe a confiança que o líder deposita nela.

E essa é a diferença entre o dom do líder e a liderança como capacitação. O líder é um ser humano, falível. A liderança é uma poderosa rede, uma teia de eficácia e proteção. Quando Welch se apaixonou por uma das editoras de uma importante revista de negócios norte-americana, abandonou a presidência da GE. Porém sua liderança, agora invisível, lá permanecia com seus seguidores!

Vamos falar do segredo de dois dos maiores líderes brasileiros: por que Roberto Carlos ganha rios de dinheiro e Ayrton Senna recebia somas altíssimas? Por mudar o estado de espírito das pessoas.

Você tem trabalhado muito, tem andado distante do seu marido, então os dois resolvem ir a um show do Roberto Carlos. Entram na casa de espetáculos, segurando a mão um do outro quase formalmente. À medida que as músicas vão se sucedendo, uma atmosfera de romantismo toma conta de vocês, o toque no braço do outro fica carinhoso, as mãos ficam quentes, o olhar mais afetivo, o mundo lá fora deixa de existir.

Entre uma música e outra, vocês se olham com uma cumplicidade de jovens procurando motel. Quando no bis ele canta "Detalhes", não há distância que persista, o carinho explode e vocês voltam para casa apaixonados. Pagar algumas dezenas de reais para resgatar a paixão entre vocês não é uma bagatela? Você não compra apenas o bilhete do show, mas o ingresso a outro estado de espírito.

Você estava extremamente baixo-astral, o país às voltas com seus problemas... De repente um brasileiro, Ayrton Senna, ganhava uma corrida entre representantes de países do Primeiro Mundo – e o danado fazia questão de carregar nossa bandeira para mostrar que era brasileiro. Sentado em sua poltrona, você se perguntava: "Se ele pode, por que eu também não posso?". E você acabava de assistir não somente a uma corrida de Fórmula 1, mas à transformação de seu estado de espírito!

Marcos César Pontes, o primeiro astronauta brasileiro, entrou na ISS (Estação Espacial Internacional) com a bandeira do Brasil. Que show de auto-estima para todos nós!

A maioria dos vendedores trabalha sem esperança. É muito complicado esse profissional investir justamente quando não está acreditando em seu negócio, no país e, principalmente, em si mesmo. Vender com esse estado de espírito vai ser muito difícil. Uma venda só vale a pena se quem vende acredita em si mesmo. Por isso, o primeiro passo para uma boa venda é ajudar o vendedor a acreditar em si mesmo.

Se, ao entrar na empresa, você perceber que o astral está baixo, a primeira tarefa do dia é chamar a equipe para uma conversa, analisar o que está acontecendo, ajudar cada um a se lembrar de sua capacidade de conquistar vitórias e motivá-los a lutar por seus sonhos.

A importância de um líder aparece mais nos momentos de derrota. Nessas ocasiões, sua presença se torna fundamental. Acusações estão proibidas. É muito feio o pai ou a mãe, em plena dor da derrota do filho, soltar um mesquinho "eu não disse?". Nessas horas, é importante que o pai escute o filho, faça um chá para aquecer seu coração e mostre que existe um amanhã. Aliás, que o amanhã vai chegar antes do que parece.

Coco Chanel criou a marca do perfume de maior sucesso no mundo até hoje: Chanel nº 5.

Ela nasceu num hospital para indigentes. Em 1969, foi tema de um musical na Broadway. Sua liderança, agora invisível, é duradoura. A Chanel continua sendo uma das grifes mais famosas do planeta!

7. Evoluir sempre

Vida é evolução. Além da força interior que nos impulsiona a seguir adiante em nossa carreira, é preciso compreender que a escolha pela mudança é fundamental para nos sentirmos vivos.

Mudar é também o verbo da realização. Estar disposto a evoluir permanentemente é fundamental para sua carreira. Não deixe que sua vida profissional seja decidida pelo destino.

Faça um planejamento consciente para enfrentar os tempos difíceis. Boa parte dos executivos cuida com muito carinho dos projetos da empresa, mas não faz nada especial para melhorar o nível de sua carreira. Eles se enganam ao pensar que basta promover o bom êxito de sua empresa para automaticamente garantir o sucesso da carreira. Isso é apenas parte da verdade. Se a seleção da qual você participa for campeã do mundo, certamente seu passe vai valorizar; mas seu valor vai ser ainda maior se você cuidar com mais objetividade de sua carreira.

Tome conta da carreira, pois ela é sua e de mais ninguém. Você não pertence a nenhuma corporação, apenas a si mesmo. A responsabilidade pela evolução profissional é sua, e não da empresa. A segurança do seu emprego não é garantida pela empresa, e sim por sua competência.

É ótimo trabalhar num lugar que investe em seu crescimento. O valor dos cursos oferecidos deve ser computado como a maior parte do salário, porque o aprendizado garante o desenvolvimento das competências necessárias para seguir crescendo dentro da organização.

Mas de nada adianta fazer esses cursos se você não assumir a liderança de seu processo de aprendizagem.

Carreiras estáticas são a maior ameaça à realização de sonhos. As competências que o levaram até onde você está podem não ser suficientes para ajudá-lo a chegar aonde quer estar. Acredite: capacite-se e enfrente as dificuldades dessa nova revolução com muita garra, dedicação e estratégia.

Na vida, as pessoas sempre aprendem, seja pela dor, seja pelo prazer. Pode ser que uma ameaça ou um desafio o motive a continuar caminhando. Se você é uma pessoa que aprende pela dor, certamente vai arrumar gente para machucá-la; se for alguém que aprende pelo prazer, vai encontrar quem lhe ofereça oportunidades. Das duas maneiras o crescimento vai ocorrer, mas evoluir com prazer é, com certeza, muito mais fascinante. Evolua enquanto tem um emprego do qual gosta!

É preciso entender que as mudanças trazem problemas e oportunidades. Ou seja, evoluir pode ser uma questão de resolver problemas ou de aproveitar oportunidades, depende de como você encara a vida. Observe qual palavra ocupa mais espaço em seus pensamentos: ameaça ou oportunidade.

Pessoas que se sentem muito ameaçadas geralmente funcionam na base da cobrança e precisam de um chefe em seu encalço, enquanto as que percebem as oportunidades conquistam grandes vitórias na carreira com sofrimentos prazerosos. Aprendem a gostar do que não gostavam antes, mas que é essencial para o sucesso. Este é o momento de transformar ameaças em oportunidades!

O primeiro passo para crescer profissionalmente é, então, definir o que você quer e as competências que precisa desenvolver para chegar lá. Torço para que você tenha coragem de dar esse salto em sua vida.

ALGUMAS PERGUNTAS PARA VOCÊ REFLETIR ENQUANTO TOMA UM COPO D'ÁGUA

- Para onde você quer levar sua carreira?
- O que falta para planejar melhor sua carreira?
- Você está disposto a enfrentar o desafio da mudança?

Se você pudesse mudar tudo na sua empresa, o que você mudaria agora, e como agiria para implementar essas mudanças?

Lembre-se sempre: **metas maiores exigem competências maiores.**

15

O caminho das estrelas

"As boas empresas dizem como coletam as sugestões de seus colaboradores. As excelentes, como as utilizam."

Harvard Business Review

A vida é a doce arte de transformar o impossível em realidade. Sempre que você tiver uma meta muito difícil de realizar, como devem ser todas as boas metas, a maioria das pessoas vai dizer: "Desista, isso é impossível!".

Compreenda, elas não falam isso por mal, mas porque querem evitar que você sofra. No fundo, pensam: "Se isso é impossível para mim, vai ser para você também!". Por isso, sinta compaixão delas, mas não deixe de cuidar bem dos seus sonhos!

Não permita que ninguém destrua suas aspirações. Vá atrás delas, pois elas definirão o tamanho da sua vida. Avance no caminho das estrelas, fazendo, realizando, porque querer não é poder! Poder é fazer!

Você já conhece seus novos desafios, está consciente da caminhada. Como dizia o poeta espanhol Antonio Machado: "Caminhante, não existe caminho. O caminho se faz ao andar".

Salim Mattar, presidente da Localiza, a maior locadora de automóveis do país, começou com um sonho. Como *office-boy*, foi pagar a conta de aluguel do carro do patrão, olhou e pensou: "Puxa, isso é um grande negócio! Um dia vou ter um assim". Dessa forma nascia o caminho para as estrelas do Salim. Começou com seis Fuscas. Hoje, tem mais de 30 mil veículos.

16

A próxima montanha

"Quando um arqueiro erra o alvo, deve buscar
a solução para o erro dentro de si mesmo.
você não acerta no centro, a culpa não é do alvo.
Para melhorar sua mira, melhore a si mesmo."

Gilbert Arland

Seja qual for a posição que você ocupa na empresa, é importante sentir uma força que o impulsiona a ir além do que já conquistou. O alpinista pensa sempre na próxima montanha, não tem prazer em conversar sobre as que já escalou, porque isso é passado.

Na carreira dos campeões, acontece a mesma coisa: o gerente quer se tornar diretor, o empresário quer sua empresa mais forte, o vendedor campeão quer superar suas metas...

O líder que faz acontecer sempre quer mais. Para ele, estacionar significa decadência e repetição é sinônimo de acomodação. A capacidade de evoluir é que torna sua vida especial.

Os animais, no auge do seu desempenho, simplesmente se repetem. A melhor teia que uma aranha pode fazer é aquela que qualquer representante da espécie é capaz de tecer. O ser humano, entretanto, pode criar, e isso o torna único.

A evolução só acontece, no entanto, quando assumimos a responsabilidade pelo que somos e queremos. Ninguém pode mudar nada por nós. O poder de nos transformar pertence a nós. A capacidade de criar aproxima o ser humano de Deus.

Mudar constitui tarefa maior do que se imagina: implica superar barreiras, quebrar paradigmas, abandonar crenças, descongelar idéias e posturas cristalizadas. Requer um processo contínuo de revisão dos pensamentos e a abertura permanente para o novo.

Agora, o compromisso é somente com você! Voltemos às metas (o endereço das estrelas!):

- Analise o desafio a enfrentar.
- Estabeleça sua meta.
- Determine um prazo.

Um exemplo:

- **Desafio:** criar paixão por resultados.
- **Metas:** aumentar o faturamento de minha empresa em 100%.
- **Prazo:** dezembro do ano que vem.

Agora é a sua vez!

Respire fundo, olhe para dentro de você e procure as respostas de que precisa.

A caminho das estrelas!

Desafio	Meta	Prazo
1. Conhecer o negócio da empresa		
2. Administrar o presente enquanto cria o futuro		
3. Transformar ameaças em oportunidades		
4. Criar paixão por resultados		
5. Facilitar o aparecimento de novos líderes		
6. Criar equipes integradas e comprometidas		
7. Evoluir sempre		

Parte 3

Liderança em ação

Parabéns por ter feito as análises e os planos de ação da parte 2. Se você apenas leu o texto e não parou para escrever, minha sugestão é que volte ao programa anterior e trabalhe nele por algumas horas. Lembre-se: liderança não é simplesmente um conjunto de idéias, mas a maneira como você conduz o dia-a-dia do trabalho e, principalmente, o modo como sua equipe atua nos projetos. Com um plano de ação, é muito mais fácil você realizar seus projetos.

Como dissemos, tudo na carreira depende de três competências: atitude, conhecimento e ação.

No capítulo sobre finanças, vimos que você precisa ter a atitude de quem valoriza os recursos financeiros, mas ao mesmo tempo deve ter conhecimento do assunto e agir para que a melhora dos números aconteça.

Assim é com todos os temas. Vamos imaginar que você seja um profissional da área de tecnologia, tenha se dado conta de que as empresas campeãs são formadas por seres humanos campeões e comece a se envolver com os valores e a competência de sua equipe. Essa proposta vai frutificar se você tiver a atitude de valorizar as pessoas, buscar conhecer mais sobre elas e aprimorar esses relacionamentos.

Infelizmente, encontramos pessoas com grande conhecimento que não têm atitude nem conseguem agir como planejaram. Um exemplo disso é o médico endocrinologista obeso. Com seu conhecimento, ele até pode orientar seus pacientes, mas não consegue ajudar a si próprio. Primeiro, porque sua atitude não é congruente com o desejo de ter um corpo saudável e em suas ações é adepto do regime da telha. Aliás, você conhece o regime da telha? É aquele em que a pessoa come tudo o que lhe dá na telha. Você pode imaginar o resultado!!!

Outro exemplo é o empresário que estuda muito sobre marketing mas não valoriza a qualidade do produto, toma decisões intempestivas e não comparece às reuniões com a equipe de marketing. No lançamento de um produto, ele atropela todo esse trabalho e faz da maneira que sempre fez.

Conhecimento é fundamental para a evolução da carreira. Uma pessoa com boa vontade e muito ativa mas sem conhecimento será muito menos eficaz e às vezes até nociva para a organização.

Um caso comum é o do empresário que cria um programa de liderança participativa. Em vez de contratar uma empresa especializada no assunto, ele gasta um tempo imenso concebendo o projeto e determinando quem será seu coordenador (que em geral não entende nada do tema). Depois lança o programa em uma convenção

"Vários são os líderes que a história enumera. Cada um deles com suas características pessoais, muitas vezes incomparáveis. Não é simples traçar um perfil ideal do líder. Alguns acham que se trata de uma característica inata, outros crêem ser possível construí-la. Alguns acreditam que é uma qualidade; outros, um defeito.

Pessoalmente, acredito que a liderança requer alguns traços de personalidade, mas fundamentalmente depende de conhecimento. Estreitamente vinculada à liderança está a credibilidade daquele que é líder. Para ser um liderado há que se confiar e acreditar nas metas propostas. Para liderar é preciso estar consciente da imensa responsabilidade resultante de tal situação.

Não penso que a liderança se estabeleça de modo hierárquico ou de submissão. Aquele que procura simplesmente impor seus objetivos é apenas um desprezível ditador, que, por meio do uso da força, do medo e de pressões psicológicas, consegue a submissão de alguns para que estes cumpram os seus objetivos pessoais. O verdadeiro líder muitas vezes nem se percebe como tal, mas é a pessoa que tem a capacidade de reunir ao seu redor pessoas que buscam os mesmos ideais.

A música, assim como em todas as outras áreas do conhecimento e atividade humana, tem seus grandes líderes, seja na composição, na interpretação ou na regência. São aqueles que por seu trabalho, seus atos e suas posturas tiveram a capacidade de influenciar gerações e permanecem até hoje como ícones de uma era."

João Carlos Martins, maestro

caríssima em hotel cinco estrelas, e o projeto não evolui. É claro que, passados alguns meses, começa a caça ao culpado (que nunca é ele mesmo!).

Na verdade, o grande erro foi a falta de conhecimento para realizar o objetivo da organização. Seria muito mais barato e produtivo contratar uma empresa especializada para desenvolver o projeto. Da mesma maneira que não se deixa que um gerente de marketing desenvolva os estudos de estrutura de uma ponte, não se pode entregar um projeto de gestão de pessoas a quem não tem esse conhecimento. O gerente de marketing pode ter boa vontade e agir com paixão, mas a única ação razoável, no caso da ponte, é contratar uma empresa especialista em estruturas.

Voltando ao principal: para adquirir qualquer competência, precisamos desenvolver as atitudes, o conhecimento e a qualidade em nossas ações. Lembre-se de que os colaboradores estão sempre avaliando suas atitudes, seu conhecimento e suas ações, as suas habilidades. Se alguma dessas competências estiver faltando, o respeito que eles têm por você vai diminuir.

Em geral, um livro amplia o conhecimento que o leitor tem sobre o tema, mas sua limitação é a capacidade de ajudá-lo a mudar de atitude e, sobretudo, a qualidade de sua ação. Ao fazer uma análise de suas atitudes e realizar o plano de ação apresentado na parte 2, você cria um sistema que facilita sua evolução em todas as competências.

Nesta parte 3, você encontrará uma série de idéias para aprimorar a qualidade das ações em relação a sua equipe. Conforme dissemos no início do livro, líder é aquele que consegue que o outro deseje ser influenciado por ele. Uma das maiores fontes de admiração vem de sua capacidade de agir de forma coerente com suas idéias e, principalmente, de mostrar que está tão comprometido com o projeto como deseja que todos estejam.

As ações do líder mostram que ele quer ajudar a criar perspectivas para seus colaboradores e sabe como fazer para que cada um deles se sinta importante e competente. Ele entende a importância de criar um ambiente propício à participação do colaborador, e suas ações, sem dúvida, são definitivas para criar a imagem de líder.

Uma diretora centralizadora pode falar de *empowerment* e autonomia, por exemplo, mas, se ela não der suporte a sua equipe e, num dia de estresse, tomar para si todos os projetos de volta, vai perder a confiança dos liderados. Da próxima vez que falar de seu desejo de entregar os projetos ao time, cada um vai esboçar um sorriso de desprezo dentro de si. No fim da reunião, quando a equipe for tomar café, dois veteranos comentarão: "Lá vem ela de novo com a mesma conversa..." Se um novo membro disser que achou sincera a apresentação da chefe, os veteranos lhe contarão o que aconteceu no passado.

Quando isso é feito, abala a administração do time. *Empowerment*, por exemplo, exige que você negocie os resultados esperados, ofereça estrutura e condições de trabalho e certifique-se de que as pessoas têm habilidade e responsabilidade para executar a missão. Tudo isso com bastante comunicação, o tempo todo. Um bom pedido de desculpas e a demonstração de que a mudança é verdadeira podem resgatar o respeito perdido, mas o líder nunca deve menosprezar a capacidade da equipe de avaliar sua liderança.

Suas ações vão mostrar quem você é de verdade. Por isso, cuide bem delas.

Vamos, então, a algumas ferramentas capazes de colocá-lo no caminho da vitória.

17
Como motivar as pessoas?

*"Trate um homem como ele é e ele permanecerá como é;
trate-o como ele deve ser e ele será como pode e deve ser."*

Goethe

Ninguém motiva ninguém, mas é possível desmotivar pessoas competentes. Elas deixarão de ser profissionais apaixonados pelo que fazem? Não, mas vão perder a motivação de trabalhar com você. Pessoas apaixonadas pelo prazer de fazer bem feito não ficam em empresas sem compromisso com a excelência.

Pessoas desmotivadas também não ficam em empresas com equipes turbinadas! Para elas, trabalhar sem ter um momento específico para a *happy hour* é um inferno e as discussões sobre como aprimorar um serviço ou produto se tornam angustiantes, porque elas querem fazer o que sempre fizeram.

Sempre fico impressionado quando encontro uma equipe motivada. É emocionante, por exemplo, ver os resultados do trabalho de Zilda Arns, médica pediatra, sanitarista e fundadora da Pastoral da Criança, organismo de ação social da Conferência Nacional dos Bispos do Brasil (CNBB). Zilda chegou a ser indicada ao Prêmio Nobel da Paz por sua atuação em vários países da Europa e em Angola, Indonésia e Estados Unidos, além do Brasil. As pessoas que trabalham com ela na Pastoral parecem ter uma força superior dentro de si. Parecem também atuar com a alma: todas demonstram um comprometimento muito especial.

Outro acontecimento que me faz refletir é como uma equipe de futebol que está no fundo do poço começa, com a simples troca de técnico, a jogar bem e passa a ganhar todos os jogos. São basicamente os mesmos jogadores, a mesma comissão técnica e a mesma estrutura, mas, depois da chegada do novo líder, passam a atuar de forma diferente. O que fez, então, que os resultados mudassem tanto e tão rapidamente? A presença de um líder e de uma liderança capacitada.

Conheço uma empresa de tradição que vive há anos em penúria financeira. Atrasa salários, não paga os direitos trabalhistas aos funcionários. Não oferece nenhum benefício. Porém, por incrível que pareça, consegue ter uma equipe de abnegados e heróicos colaboradores que não saem dali e lutam pela empresa bravamente. Como e por quê? A isso eles devem sua sobrevida nos últimos quinze anos, no mínimo. É claro que uma hora tudo vai terminar, mas que fenômeno duradouro! Que força é essa? É a magia de dar de si por uma causa que precisa das suas forças.

As pessoas podem atuar para receber ou para doar. O voluntariado está aí para servir de exemplo. O ideal ao atuarmos numa troca saudável é dar e receber. Porém, a liderança dessa empresa tem um talento especial de saber extrair o máximo da doação das pessoas. Preste atenção, observe a sua volta: você verá coisas assim.

Olhe no seu condomínio: uma dona de casa tem uma empregada que ganha menos do que as outras, trabalha mais e ama a patroa. Outras têm tudo e falam mal dos patrões. Curioso, não?

Lideramos por meio da recompensa, da especialização, da informação, do poder legítimo (autoridade), da influência (relacionamentos) ou por sermos uma referência, um modelo admirável. Exercite o seu talento em diversas circunstâncias e não fique escravo de um padrão único.

Para você, que é diretor de uma empresa sem condições de aumentar os salários, esta é uma questão fundamental: como manter a equipe motivada sem pagar mais? Ou pense na situação inversa: como os líderes de equipes que ganham pouco fazem para que seus profissionais se dediquem com afinco ao trabalho? Nesse caso, oferecer mais dinheiro para que cumpram suas obrigações é um engano fatal. Então, é fundamental questionar-se: como estou desmotivando minha equipe?

É realmente complicado o profissional dar o máximo de si se o salário está atrasado e ele precisa pensar em como pagar o aluguel. Mas o líder sempre encontra uma forma de ajudá-lo a sentir-se protegido. O verdadeiro líder cria condições para o colaborador produzir seu máximo, independentemente de prêmios.

Já que precisamos de pessoas motivadas para criar uma equipe sensacional, então é necessário dar um jeito de conquistá-las para virem trabalhar conosco. Por isso, mais do que nunca, o departamento de recrutamento e seleção deve funcionar muito bem na tarefa de encontrar essas pessoas.

Querer motivar gente que vive sem paixão é impossível. É importantíssimo ter na empresa colaboradores com o perfil desejado, sem precisar motivá-los diariamente. Se estiver em dúvida sobre se um candidato tem as competências de que você precisa, não o contrate. Gaste mais tempo na entrevista, e, se a pessoa não convencer totalmente, não a traga para a empresa.

Infelizmente, hoje há uma multidão de candidatos especialistas em entrevistas de seleção, o que nos exige ser mais criativos na busca da pessoa certa. Um profissional sem pique é um gasto imenso e injustificável.

O líder sabe reunir pessoas com brilho no olhar e criar condições para que produzam o máximo. Vejamos agora algumas idéias para você fazer isso acontecer.

1. As pessoas precisam de um ambiente em que possam expressar sua opinião e, em especial, suas insatisfações

O jornalista Mauro Silveira conta uma história reveladora do tempo em que era editor da revista *Você S.A.* e coordenador do *Guia Exame – As 100 melhores empresas para você trabalhar*. Em visita a uma empresa candidata a figurar no guia, ele foi conversar com alguns colaboradores. No meio do bate-papo, Mauro perguntou se eles sabiam da existência de um *ombudsman* na organização. Sim, conheciam. Então, quis saber se alguém já tinha falado com o ouvidor. Não, ninguém. Mauro achou aquilo muito estranho, mas mudou de assunto. Um pouco antes de a reunião terminar, voltou ao tema do *ombudsman*: "E por que razão ninguém conversa com o *ombudsman*?". Alguém respondeu: "Todos os que falaram com ele foram demitidos".

As avaliações negativas são as mais importantes para a manutenção do clima de motivação. Você tem de dar o exemplo de humildade, para que todos aceitem as críticas com consideração. Se você recebe as manifestações com ironia, as críticas vão diminuir aos poucos e todo o processo de abertura será afetado. Mas, se você estiver aberto para discutir sua atuação, ninguém terá dúvida de que a abertura é pra valer.

As pessoas devem ter a possibilidade de expressar sua opinião com a certeza de que serão acolhidas com respeito e sem retaliações. Isso não significa que você vai dar tudo o que elas pedem. Mas seus colaboradores precisam saber que suas opiniões são importantes para o projeto.

Quando se inicia um trabalho de valorização profissional, as primeiras reuniões quase sempre têm como único tema o aumento de salário e os bônus. É um assunto que parece não se esgotar, mas que precisa, de fato, ser tratado. A política de remuneração tem de ficar clara. O orçamento e os balanços devem ser discutidos.

Se os colaboradores percebem que ganham um salário miserável enquanto os donos andam em carros elegantes e viajam para o exterior com freqüência, a desmotivação vai aparecer. Se os trabalhadores não vêem a perspectiva de realizar seus projetos materiais com o que recebem na empresa, vão começar a procurar outro emprego.

2. As pessoas atuam melhor ao se sentir valorizadas. Elogie seus colaboradores

O maestro João Carlos Martins ressalta e evidencia seus músicos e jovens estreantes nas suas apresentações, motivando-os em grupo e individualmente.

Luiz Sebastião Sandoval, presidente do Grupo Silvio Santos, prestigia e motiva membros do seu time mesmo em situações onde eles não estão conseguindo obter o reconhecimento geral, por acreditar neles e saber que preservar um grupo é também defender seus pontos aparentemente fracos em algumas situações. Eu o vi fazer isso com um dos seus executivos que quase foi demitido, e que tempos depois se revelou extraordinário para o bem do grupo.

A maioria dos chefes, contudo, cria relações carregadas de críticas, disseminando o medo entre os profissionais. Ainda hoje, a educação se baseia em um sistema de correções, ou seja, quando alguém não está exercendo bem suas funções, é criticado para que melhore. Chefes, professores e pais raramente se preocupam com a auto-estima de seus colaboradores, alunos e filhos. Para eles, o certo é endireitar o que está torto. Nesse caso, assumem o papel de auditores em busca de defeitos a delatar, sem analisar a inutilidade desse método. Ocorre que o alvo de críticas insistentes se coloca numa posição defensiva e passa a não ouvir ninguém.

As pessoas atuam melhor ao se sentir valorizadas. Portanto, elogie pelo menos uma vez por semana seus colaboradores. Reforce as qualidades deles, por pior que seja a situação da empresa, no caso de uma crise. Você pode até conversar com um colaborador para orientá-lo a agir diferente ou melhor, mas faça isso enfatizando que ele é importante para o grupo e quanto é capaz de evoluir.

Lamentavelmente, muitos chefes se deixam contagiar pelo negativismo e não conseguem enxergar o lado positivo, o que há de bom em seus colaboradores. Muitos pais também criticam os filhos sem cessar e não reconhecem suas virtudes. Além de criarem situações de humilhação e perseguição, estimulam o sentimento de que nada vale a pena, de que, não importa o que se faça, o pai ou o chefe estará sempre insatisfeito.

Se valorizo o funcionário, é minha função ajudá-lo a confiar em si mesmo, fazê-lo notar que tem valor. Destruir é tarefa fácil, e qualquer um é capaz disso. Para perceber as qualidades de alguém, no entanto, é preciso ser generoso.

Faça um projeto para seu crescimento como líder: proponha-se a não criticar ninguém nesta semana e a motivar sua equipe com elogios e sugestões. Tenho certeza de que, além de mudar o clima, você vai se sentir muito especial para o time.

3. Sentido maior para a ação cria poder sobre-humano

Como motivar um médico da Cruz Vermelha a entrar num campo de batalha para salvar vidas? Onde um voluntário do Exército de Salvação encontra garra para ajudar os mais carentes? O que faz um soldado do Corpo de Bombeiros enfrentar um incêndio e pôr a própria vida em risco?

Não tenha dúvida: não existem limites para uma pessoa que encontra sentido no que faz.

Muitos empresários pensam que o dinheiro e o medo são os maiores motivadores que existem, mas isso não é verdade. O médico mexicano Octavio Rivas criou uma imagem muito boa para desmistificar essa opinião. Imagine os operários que carregavam pedras para construir as pirâmides do Egito. No começo, o feitor promete uma moeda se eles construírem determinada parede, mas, à medida que o cansaço avança, mesmo que ele aumente o número de moedas o trabalhador não consegue render mais. Então o feitor ameaça dar chibatadas e o operário volta a trabalhar.

Como não rende o esperado, recebe algumas chibatadas, mas chega a tal estado de sofrimento e exaustão que é capaz de dizer: "Pode me matar que eu não me importo".

Se a empresa tem objetivos maiores do que somente aumentar os lucros, sua equipe vai se inspirar e render muito mais que o esperado. Quando as pessoas têm consciência de que participam de um sonho maior, a motivação está sempre presente.

Comprometer-se com projetos sociais e ajudar os colaboradores a realizar seus sonhos são algumas iniciativas que demonstram bom emprego dos lucros.

4. As pessoas se sentem mais protegidas quando há regras claras e justas

Don Shula é o técnico de futebol americano que mais venceu nesse esporte. Ele comentou que um técnico pode ser paternalista ou duro, mais estrategista ou motivador, mas num ponto ele não pode furar: a honestidade com a equipe. Quando o time percebe que alguns atletas têm regalias, que o técnico persegue um jogador, que ele não faz o que cobra dos outros, lentamente o comprometimento começa a desmoronar.

Resumindo: as regras devem ser para todos. A injustiça destrói o astral da equipe. Às vezes o dono de uma empresa que está com problemas exige que todos apertem os cintos e, de repente, ele aparece de carro novo! Acabou a autoridade dele para pedir alguma economia. Aquele que cobrar do grupo tem de ser o primeiro a dar o exemplo. Ah! E seus amigos e familiares precisam ser os primeiros a ser cobrados, também. Não há nada mais desanimador que a promoção do filho incompetente do diretor para o novo cargo. Não tem nada mais brochante do que a filha do empresário dar ordens que vão em sentido contrário ao que o pai vem implantando.

O dono, deve, portanto, ser o primeiro a seguir os valores, as metas e as estratégias da empresa e se obrigar a cumprir as diretrizes. Se for o caso de um empreendimento familiar, ele deve conversar com os parentes e pedir o comprometimento deles. Chamar os executivos graduados e dizer que o exemplo deles é fundamental.

Outra questão importante: estabelecer com antecedência o sistema de remuneração, para que todos saibam por que uns recebem mais que os outros.

Há ainda mais um ponto em que não se pode ser flexível: o respeito pelas pessoas. Quando o chefe grita com um profissional, humilhando-o, muitas vezes o presidente contemporiza o deslize dizendo: "Ele sempre foi assim. As pessoas entendem...". Isso não é verdade! Ninguém entende nem gosta. Os funcionários podem continuar na empresa, mas na próxima oportunidade irão embora.

O líder não deixa seus parceiros desatendidos. Ele investe seu tempo mantendo-os informados, ouve suas dúvidas e sugestões, faz com que participem das decisões e confiem no negócio.

5. As pessoas se comprometem mais com aquilo que criam

O consultor norte-americano David Norton afirma que apenas 10% das estratégias são efetivamente implantadas nas organizações, pois a maioria não se transforma em ação. Grande parte fica esquecida porque a equipe não se compromete com sua execução. O presidente toma decisões, lá do alto de sua torre de marfim, e as comunica ao grupo.

Isso tem acontecido quando uma empresa é adquirida, sobretudo, por um grupo estrangeiro, e o novo presidente determina mudanças desprezando o conhecimento da equipe. O verdadeiro líder faz com que a estratégia seja desenvolvida pelos integrantes da equipe. Ele consegue que todos participem da concepção do projeto.

Quando a organização implanta um programa criado pelos funcionários, eles batalham muito mais, uma vez que conhecem todos os detalhes do projeto e se sentem responsáveis por sua implementação. Então, em vez de trazer uma solução pronta, deve-se pedir a colaboração de todos. Substituir ordens por perguntas. Consultar sempre os colaboradores. Acompanhar os vendedores nas visitas. Conversar com os motoristas para saber sua opinião. Freqüentemente, eles enxergam aspectos que os diretores não vêem.

Como os bons estrategistas, os líderes sabem atrair aliados. Eles sabem que as grandes vitórias não são conquistadas isoladamente. Investidores, fornecedores, clientes, sócios e colaboradores são parceiros fundamentais na realização de seus planos. Um grande negócio é movido pela confiança que as pessoas depositam no projeto. Assim como um banco quebra quando perde a credibilidade, um projeto é desprezado quando a equipe não confia nele.

Não é o fato de estar com problemas financeiros que destrói uma empresa, mas a imagem que as pessoas têm da organização. A dúvida dos parceiros mata sua firma. É fundamental conquistar a confiança de todos. Estimule-os a participar e você descobrirá como sua equipe é inteligente!

6. Seres humanos adoram o mistério da conquista

Precisamos de mais colaboradores especializados no impossível. As pessoas gostam de trabalhar em empresas que se propõem a realizar milagres ou, em outras palavras, lugares onde a imaginação criativa descubra novas realidades, ainda não descobertas pelos outros.

Por isso, os planos da organização e as oportunidades de crescimento que ela oferece aos colaboradores devem fazer parte das conversas do dia-a-dia.

Ajude sua equipe a acreditar na realização de sonhos maiores. É importante mostrar que depois de uma montanha há sempre outra a conquistar. A acomodação aparece quando o presente impede que se veja o futuro.

7. Não aceite no time quem não quer participar

Você já proporcionou treinamento, conversou, mostrou a necessidade de mudar de atitude e nada funcionou. Prepare, então, o currículo do funcionário e mande-o para a concorrência... Ninguém muda porque precisa ou porque tem os recursos à disposição. Aceitar alguém na equipe que não está no mesmo ritmo dos outros cria a dúvida sobre o que é certo ou errado.

As pessoas modificam a si mesmas quando se comprometem. Portanto, obrigar um colaborador a mudar não resolve. Você só vai tornar a vida dele um inferno. Seja o mais generoso possível com a demissão dessa pessoa e dê-lhe a chance de ser feliz em outro lugar. Não adianta colocar óculos cor-de-rosa quando as coisas não estão funcionando. É necessário coragem para enfrentar a separação como opção para manter o respeito mútuo.

O falecido comandante Rolim, fundador da TAM, me disse numa entrevista: "Aqui na empresa somos todos servidores. Quem não sabe servir não fica".

"Liderança está para mim diretamente ligada à motivação. E motivação está, por sua vez, ligada a você, ao seu íntimo, é algo que está bem lá no fundo. A capacidade de liderança está guardada no fundo de todos nós, e a gente a desenvolve quando precisa.

Muitas vezes ouvimos dizer que liderança nasce com a pessoa, assim como o carisma: ou se tem ou não se tem. Mas a gente se surpreende quando aparecem situações que fazem com que, sem mais nem menos, tenhamos atitudes de líder. Nessas ocasiões, algo mais forte grita dentro de você, e pode ter certeza que é a motivação.

Sinto profunda pena de todos nós quando percebo a escassez de liderança nas pessoas que nos cercam. O Brasil precisa muito que tenhamos essa capacidade bem desenvolvida. Liderar é saber arregimentar sem obrigar... Saber encantar... Confiar em si mesmo... Projetar o caminho a ser percorrido com senso de realidade, mas com um tempero de sonho.

Na vida todos queremos sonhar, e o bom líder pega você pela mão e o leva para voar. Liderar é uma arte das mais sublimes. Felizes são os que a praticam com sabedoria."

Jô Clemente, fundadora e presidente
de honra da APAE de São Paulo

18
Crie relacionamentos saudáveis

"Todos pensam em mudar a humanidade,
mas ninguém pensa em mudar a si mesmo."

Leon Tolstoi

Uma empresa não é feita de máquinas nem de produtos e serviços, e sim de pessoas que precisam se relacionar. O trabalhador, por sua vez, nunca pede demissão da empresa, e sim de seu chefe. A maneira como um líder se relaciona com as pessoas define sua qualidade como profissional e também como ser humano.

O líder precisa se relacionar! Mesmo que seu ritmo de trabalho seja intenso, é muito importante conversar com a equipe. É uma forma saudável de mostrar a todos que os valoriza e também de saber como os projetos estão andando. Eu, por exemplo, gosto muito de bater papo com vendedores da minha empresa. Sempre pergunto: "Como está o trabalho de vocês?".

A resposta deles pode ser muito reveladora. Se dizem: "Sabe, Tejon, está muito fraco. A gente está com dificuldades de fechamento de contratos", esse é um sinal claro de que as vendas estão ruins. Já sei que, se não fizermos alguma coisa, o faturamento vai cair. Mas eles só vão tecer esse comentário se tiverem certeza de que não haverá punição para ninguém da equipe.

Conviver é permitir que todos tenham chance de participar da criação dos resultados e se sintam respeitados.

Líderes que não sabem se relacionar criam muita tensão. Há quem vá para o trabalho como se fosse para uma guerra. Ou quem pense que para sobreviver na selva da empresa precisa estar armado até os dentes. Precisamos criar um ambiente "ecologicamente" saudável. A maioria das empresas vive poluída de ressentimento, culpa e insegurança. É nosso dever lutar para que a compreensão e a cooperação imperem no trabalho.

A raiva e a inveja poluem mais nosso ambiente que a fumaça dos automóveis. Precisamos resgatar a beleza de ter generosidade em relação a pontos de vista divergentes do nosso, além de ter a curiosidade de conhecer uma forma de pensar diferente da nossa. A polidez e a doçura são belas virtudes.

Sandra Serrano, médica titular do Centro de Tratamento da Dor do Hospital do Câncer, me convidou para um plantão de domingo num pronto-socorro de hospital de bairro popular na cidade de São Paulo.

Ali vi o exemplo de uma bela liderança, ótimo para usarmos nas empresas. O poder de liderança do plantão do pronto-socorro: foco total no paciente (no cliente). Monitoramento 24 horas por dia. Concentração absoluta da equipe na missão do trabalho. Compartilhamento permanente de toda a equipe com a chefe do plantão. *Coaching* constante. Celebração pelas altas e pelas vidas salvas. Sentimento real pelas perdas. Compromisso da equipe com a missão e uso dos diferentes especialistas, da diversidade, para tomada de decisão.

Além disso, a doutora Sandra atua com uma capacidade exemplar de criar relacionamentos sensíveis entre a equipe, os pacientes e seus familiares.

Aproveito para dar agora algumas sugestões de como desenvolver ótimos relacionamentos, dignos de um líder com dom e capacitação.

1. Conversar. A base de qualquer relacionamento é a conversa. A possibilidade de conhecer a outra pessoa e deixar-se conhecer por ela é sensacional. Elementar, não é? Mas poucas pessoas fazem isso. São raras as conversas que extrapolam o superficial. Fala-se sobre carros, viagens, política, esportes, mas muito pouco sobre sentimentos.

O casal até conversa sobre decoração, mas quase nada sobre o lar que deseja construir. Os pais orientam os filhos, mas poucos perguntam sobre seus sonhos. Os filhos costumam reclamar que os pais não entendem o que eles dizem, mas não se sentam para dialogar com eles.

Nas empresas, discutem-se projetos, mas não se abrem espaços para as pessoas compartilharem seus anseios. Os departamentos de recursos humanos discorrem muito sobre planos de carreira, mas pouco sobre vocação. Os chefes manifestam suas visões, mas raramente suas emoções. Descubra o seu dom e capacite-o. Isso é felicidade!

Precisamos descobrir a beleza de uma conversa de mineiro. Conversar por conversar. Deixar nossa imaginação voar com um companheiro. Criar tempo para conhecer o outro é fazê-lo entrar em nosso mundo.

Especialmente aqueles que não descobriram o seu lado "feminino" vivem no mundo das aparências. A conversa gira em torno de conquistas e, assim, passam a vida solitários, com enfartes precoces, escancarando a solidão. Conversar, antes de mais nada, é ter curiosidade sobre o mundo do outro, é olhar essa pessoa com os olhos do novo.

Quando um time de futebol está numa fase ruim, com derrotas consecutivas, o jogador mais experiente organiza um churrasco para a turma. Muita carne, cerveja e, principalmente, muito papo. Assim, longe das tensões e dos conflitos, as pessoas voltam a perceber que cada um possui sentimentos e aspirações. Freqüentemente funciona. A mesma tática pode dar resultado na empresa, com uma festa para comemorar o aniversário de alguém, um churrasco ou um chope no fim do expediente.

2. Confrontar. Acontecimentos desagradáveis ou sem interesse fazem parte de nossa vida. A tendência da maioria das pessoas em seus relacionamentos é deixar que essas situações se repitam como se não tivessem importância. Até que um dia tudo desmorona, ocorre uma briga ou, pior ainda, uma separação silenciosa.

Outro dia, conversando com um amigo, ele me disse: "As pessoas perdem muito mais oportunidades por se recusar a dizer 'não' do que por não falar inglês". É verdade! Procure falar inglês, mas aprenda a dizer "não" quando a situação estiver desconfortável para você.

Aprenda a estabelecer limites, porque algumas pessoas invadem nosso espaço sem perceber que a luz de PARE está acesa! É fundamental dizer às pessoas, de maneira direta, firme e clara, quando uma atitude incomoda. Quando não expressamos nosso desagrado, corremos o risco de nos afastar, negando ao outro a oportunidade de nos conhecer.

É interessante dizer qual conduta nos incomoda, como nos sentimos e como gostaríamos que a pessoa agisse. Para qualquer tipo de confronto, aí vai uma sugestão: trate um assunto de cada vez até resolvê-lo. Se você, por exemplo, está falando com seu sócio sobre o fato de ele não respeitar o orçamento, continue até esgotar o assunto. A pessoa confrontada geralmente põe na mesa outro tema que a incomoda – por exemplo, sua tendência de se atrasar nos compromissos. Insista que você gostaria de terminar o primeiro assunto e depois prometa conversar sobre a insatisfação dela. É fundamental resolver uma questão antes de iniciar a discussão de outra.

As conversas em que muitos problemas são debatidos ao mesmo tempo tendem a enveredar para o terreno das acusações, em vez de se transformarem em oportunidades de reflexão que levem à solução das dificuldades. Lembre-se de que cabe à pessoa confrontada a decisão de mudar ou não. Se um colaborador decide continuar com o comportamento que o aborrece, é uma maneira de dizer que não consegue mudar ou não tem vontade de fazê-lo. Aí, é sua opção continuar ou não com esse relacionamento.

3. Pedir desculpas. Do mesmo modo que é impossível viver sem que alguém pise em nosso calo, é difícil passar pelas pessoas sem cometer algum erro ou sem incomodá-las. No entanto, quando negamos um erro, agravamos a situação. O pior não é o erro, mas o que fazemos com ele. O cliente pode até entender o atraso na entrega de uma geladeira, mas vai ficar possesso se, quando reclamar, for tratado com grosseria. O pedido de desculpas estabelece uma trégua no mal-estar alheio. Não resolve, mas dá condições de manter o relacionamento.

Há pessoas que nunca se permitem reconhecer um erro: têm a auto-imagem de perfeição. Pensam que os outros vão desvalorizá-las ou desrespeitá-las se admitirem uma falha. Essa postura prejudica o relacionamento, pois a pessoa em falta espera que o outro assuma um erro seu.

Há quem, percebendo uma situação tensa, peça desculpas para mudar de assunto. Não o faz por arrependimento, mas como recurso estratégico para pôr fim à discussão e não se comprometer com a mudança.

A terapeuta norte-americana Jaqui Schiff desenvolveu um método eficaz de pedir desculpas. Primeiro, a pessoa se desculpa e descreve o comportamento inadequado. Depois, expõe o sentimento negativo que ele provocou no companheiro e, então, assume o compromisso de ter nova conduta.

Alguns exemplos: "Quero pedir desculpas por não ter entregue o relatório ontem. Sei que isso o deixou em situação difícil com a diretoria e me comprometo, da próxima vez, a cumprir minhas promessas". Ou: "Quero pedir desculpas por ter gritado com você. Sei que isso o deixou magoado e me comprometo a não fazer mais isso".

Reconhecer o próprio erro e pedir desculpas são demonstrações de humildade e de valorização do outro. É ter consciência do mal-estar gerado pela conduta inadequada e assumir o compromisso de agir diferente da próxima vez. É dizer "Você é importante para mim" de forma sensível.

4. Elogiar. Todo mundo tem necessidade de ser reconhecido, de saber que provoca admiração. A imagem que as pessoas fazem de si mesmas se reflete na forma como elas arriscam na vida. Quando uma criança é elogiada, por exemplo, ela terá confiança para enfrentar os desafios do mundo. Situação semelhante ocorre nas empresas: um colaborador precisa saber que é importante para sua equipe, de maneira a ousar sempre mais.

Reconhecer que o gerente de marketing está mais paciente, o vendedor mais participativo, a recepcionista mais responsável ou que seu assistente está evoluindo significa aplaudir uma vitória deles. É fazer com que se sintam importantes.

Quando as pessoas se consideram valorizadas e capazes, as mudanças ficam mais fáceis. E, ao elogiar alguém, além de demonstrar suas virtudes, você revela que reconhece um bom profissional.

Você se recorda da última vez que seu diretor o elogiou? Lembra-se de como isso fez parte das conversas de família e do almoço com os amigos? Saiba que, quando você elogia um colaborador, toda a família dele e seus amigos vão saber desse fato.

Um elogio cria uma corrente de alto-astral que se espalha por toda a organização. Infelizmente, a maior parte das pessoas acredita que, para ajudar alguém a crescer, é preciso criticar, apontar seus erros. As dicas são importantes, mas elogiar é essencial. Ao admirar as virtudes de um assistente, você demonstra a grandeza de seu coração. Revelar admiração pelas pessoas só enriquece os relacionamentos.

Portanto, lição de casa: faça elogios pelo menos três vezes ao dia. Você vai perceber que isso cria benefícios secundários, porque a gente recebe de volta o que dá às pessoas. E elogiar é a maneira mais fácil de receber elogios.

5. Agradecer. Na Índia, alguns mestres dizem que a pessoa iluminada vive em estado de gratidão. É iluminado quem sabe reconhecer a beleza de um olá e de um adeus, do sol e da chuva, do dia e da noite, pois todos os acontecimentos e as pessoas trazem oportunidades de crescimento. Quando se agradece a alguém, reconhece-se a comunhão entre duas pessoas e cria-se a energia que fará a celebração se repetir.

Quando o diretor se reúne com a equipe para agradecer a dedicação de todos no trabalho de atingir as metas, transmite o reconhecimento pela grandeza da turma. Quando um empresário agradece aos colaboradores a responsabilidade que demonstraram ao enfrentar um problema, gera uma energia poderosa para os próximos desafios.

Quando agradece à mulher pela paciência com sua ausência durante a implantação de um novo projeto, o marido divide seu sucesso com ela. Quando a esposa agradece ao marido pela força dada com os filhos enquanto ela termina a pós-graduação, retribui o amor recebido.

Agradecer é a melhor maneira de aumentar a comunhão com as pessoas que são importantes para você. Mas agradeça também ao seu concorrente, que não deixa você se acomodar. Agradeça àquele comprador difícil, que obriga você a crescer para conquistá-lo. Agradeça aos problemas que o tornam um guerreiro preparado para campeonatos mais difíceis.

6. Pedir ajuda. Todos os seres humanos passam por momentos de fragilidade, insegurança e confusão. Quando isso acontece, há três reações prováveis:

- Isolar-se, para que os outros não descubram a necessidade de ajuda.
- Manipular, a fim de que os outros prestem ajuda por se sentirem pressionados pelo medo ou pelo sentimento de culpa.
- E, a mais indicada, pedir ajuda.

Somente as pessoas com elevada auto-estima são capazes de revelar suas fragilidades e mostrar que confiam no outro. Pedir ajuda é compartilhar as próprias necessidades e abrir o coração, reconhecendo que existe alguém em condições de socorrê-lo. Pedir ajuda valoriza os conhecimentos do outro, mostrando que suas opiniões e idéias são importantes.

Pedir ajuda cria enorme sinergia. Quando John Lennon pedia ajuda a Paul McCartney para compor, as músicas dele cresciam, e a mesma coisa acontecia com o outro. Acredito que as músicas dos dois perderam muita força quando eles se separaram.

Em meus livros sempre foi e é importante a participação de Roberto Shinyashiki, meu amigo desde a infância. Quantas vezes o procuro para compartilhar alguma dificuldade e nós conversamos longamente, até que uma luz ilumina meu caminho. Volto, então, para o computador com mais confiança.

Ao pedir ajuda você aperfeiçoa seu trabalho e, o melhor de tudo, o relacionamento fica mais forte.

Muitas pessoas pensam erroneamente que, se pedirem uma opinião, vão demonstrar fraqueza ou ignorância. E essa arrogância pode levar ao fracasso de um projeto. Abra seu coração quando tiver dúvida e tenho certeza de que ficará surpreso com o número de pessoas dispostas a ajudar.

Todos nós temos o desejo de ser úteis, dentro de cada um existe a necessidade de se sentir capaz de ajudar alguém. E essa capacidade aumenta a sensação de competência, tornando-nos mais bem preparados para os problemas do dia-a-dia.

E, quando todos se sentem aptos e importantes, a equipe fica mais forte!

19
Capacidade de superação

"Se você pensa que pode, pode.
Se você pensa que não pode, tem razão."

Marcy Kay Arh

Uma das maiores batalhas de minha vida tem sido mudar a mentalidade das pessoas que pensam que o tamanho de seus problemas as impede de ser felizes. É uma luta: querem me convencer de que grandes problemas são sinônimo de infelicidade. Mentira! A vida é um exemplo constante de gente que consegue ser feliz apesar de problemas dramáticos. Escrevi sobre isso nos meus outros livros, *O Vôo do Cisne* e *O Beijo na Realidade*, ambos da Editora Gente.

As pessoas que mais admiro não são aquelas que nasceram em berço esplêndido, mas as que conquistaram muitas realizações apesar das dificuldades. Muita gente em situação crítica consegue ter paz no coração e atravessar o oceano de angústia com um sorriso no olhar, ao passo que indivíduos com todo tipo de conforto não encontram estímulo para sair da cama.

Há empresários que perdem seu negócio e experimentam o gosto amargo do fracasso. Seus inimigos comemoram essa derrota, mas eles dão a volta por cima e recriam sua empresa com muito mais qualidade.

Quantas pessoas vivenciam dramas mas fazem dessa experiência o alimento de seu espírito e transformam sua vida! Elas poderiam, com razão, ficar amarguradas e revoltadas com a sorte, mas decidem tocar a vida da melhor forma possível, convertendo-se em exemplos de fé e determinação.

Quando eu era criança e começava a reclamar da vida, minha mãe costumava contar a seguinte história: "Havia um homem que estava muito infeliz com sua cruz. Certo dia, ele pediu a Deus para trocar de cruz, e o Criador, em sua suprema bondade, o autorizou a procurar uma nova. O rapaz foi até o depósito de cruzes para ver se encontrava uma de seu agrado, mas ficou angustiado com o tamanho delas. Todas lhe pareciam imensas e, para piorar, algumas eram de mármore ou de chumbo. Já frustrado, estava se preparando para ir embora quando viu, num canto, uma cruz tão pequena que parecia um crucifixo. Olhou para Deus e, quase envergonhado, perguntou se podia levar aquela. O Mestre, com um sorriso, concordou. Quando ele olhou atrás da cruz, viu seu nome escrito".

Ao analisar seu problema minuciosamente, você percebe que ele não é dos mais pesados. Lógico, tendemos a pensar que nosso problema é o pior do mundo. Certamente, assim se dá com todas as pessoas. Mas as dificuldades não se baseiam no tamanho dos problemas, e sim na capacidade de lutar para virar o jogo. Portanto, logo depois de sentir a dor gerada pela adversidade, vá atrás de uma solução, porque esse é o caminho para deixar a existência leve.

Chorar num momento de infortúnio é normal, mas ficar chorando a vida inteira é masoquismo.

É nos momentos de dificuldade que você tem a grande oportunidade de ser o modelo para sua equipe. As pessoas sempre vão se inspirar em você mesmo que você não saiba. Se desanimar, elas também desanimarão. Se lutar com bravura, todos vão seguir seu exemplo.

Eu, particularmente, fico muito feliz quando vejo o presidente da organização trabalhando junto de sua equipe com fé e determinação. Esse compromisso incendeia todo o time, que supera os obstáculos com coragem.

Napoleão Bonaparte foi, sem dúvida, um dos maiores líderes que o mundo conheceu. Certa vez, seu exército estava se preparando para uma grande batalha. As forças adversárias tinham um contingente três vezes maior que o seu, além de o equipamento bélico ser muito superior. Napoleão avisou aos generais que iria para a frente de batalha e eles procuraram convencê-lo a mudar de idéia:

– Comandante, o senhor é o império. Se morrer, o império deixará de existir. A batalha será muito difícil. Deixe que nós cuidemos de tudo. Por favor, fique. Confie em nós.

Não houve nada que dissuadisse Napoleão da idéia. No meio da noite, o general Junot, um de seus brilhantes auxiliares e também amigo, procurou-o e, de novo, tentou mostrar os perigos de ir para a frente de batalha. Napoleão olhou-o com firmeza e disse:

– Não tem jeito, eu vou.

– Mas por que, comandante?

– É mais fácil puxar do que empurrar!

E Napoleão tinha razão: quando o líder toma a frente, as pessoas deixam-se contagiar por sua energia vencedora. Quando assume os riscos junto com a equipe, suas palavras ganham credibilidade. Quando toma para si as conseqüências de suas decisões, obtém o respeito dos colaboradores.

No Ocidente, se uma empresa erra, quem paga a conta são os funcionários, com demissões. Já no Japão, se uma empresa vai mal, o presidente deve pedir demissão.

Na maioria das vezes, os trabalhadores apenas realizam as estratégias que a diretoria deliberou. Eles se dedicaram, fizeram horas extras e a estratégia se mostrou equivocada. Por que devem sair se quem errou foi quem decidiu? O verdadeiro líder sabe que as vitórias são do time e as derrotas, dele.

Quando você vai para a frente de batalha, sua equipe se sente protegida para arriscar. A simples presença do líder desperta a coragem e a confiança de todos. As pessoas sabem que podem contar com ele.

20

O trabalho precisa criar felicidade

"Construa o seu futuro antes que outros o façam."

Joel Barker

A felicidade não acontece só quando saímos de férias, vamos a alguma festa ou recebemos o pagamento. Temos de procurar ser felizes todos os dias. Precisamos entender que a felicidade pode estar presente nas pequenas ações do dia-a-dia. As pessoas felizes no trabalho aprendem a curtir os aprendizados de um projeto, sentem a alegria de cooperar com um colega, o prazer de fechar um negócio e comemorar com a turma a superação da meta.

Sem dúvida, a felicidade se baseia na competência. Para ser feliz, é necessário desenvolver as habilidades para realizar planos. A pessoa que se dedica a um projeto mas não tem competência para realizá-lo vai inevitavelmente se sentir frustrada. Para um empreendedor, o raciocínio é o mesmo: sem competência, montar um negócio pode ser um passaporte para o inferno.

Quando se gerencia bem o trabalho, ele se transforma numa fonte de realização. A maioria vê o trabalho como meio de sobrevivência, quando ele pode ser uma fonte de satisfação. A felicidade surge quando a gente não consegue separar o trabalho da diversão.

Sem competência, o profissional não pode dizer que vive de seu trabalho; ele apenas sobrevive em seu trabalho. É triste ver tanta gente lutando para sobreviver. E eu não falo apenas daqueles que ganham salário mínimo, mas principalmente de executivos que vivem angustiados com maus resultados e empresários que fogem dos cobradores. É muito pouco para a energia que investimos em nosso trabalho.

Alguém está apenas sobrevivendo no trabalho quando:

- Fica policiando os outros o tempo todo, porque não confia em ninguém.
- Faz joguinhos de poder para manter o emprego.
- Promete o que não tem condições de cumprir e se sente angustiado porque sabe que vai ser cobrado.
- É tão desorganizado que não consegue saber onde está o relatório que prometeu entregar dentro de uma hora.

Se desenvolvemos a capacidade de realizar nossos projetos, de curtir cada aprendizado e principalmente de ser amigos dos companheiros de empresa, trabalhar passa a ser imensa fonte de felicidade.

Fico muito feliz quando vejo que o lucro obtido nesses dias é, cada vez mais, fruto da capacidade de fazer o cliente feliz. O sucesso, hoje, resulta do esforço de surpreender o cliente. Agora, para fazer com que o cliente se sinta especial, preciso ser especial também e preciso de uma equipe especial. Ninguém pode se sentir mais um na multidão e produzir algo diferenciado.

O mais importante: o melhor momento para ser feliz é agora! Se para ter sucesso você precisa de metas, para ser feliz você deve abandonar seus objetivos futuros. Quem põe a felicidade em algum lugar do futuro nunca vai alcançá-la. Você tem tudo de que precisa para ser feliz hoje!

Até porque o futuro já está embutido no presente.

Assim, não espere a promoção ou a aposentadoria para começar a ser feliz. Seja feliz todos os dias! Nem que seja um pouco, mas todos os dias! Afinal, a sensação de ser feliz é um combustível para sentirmos que viver vale a pena. E como vale!

Se seu trabalho é fonte de angústia, pare e reflita nos seguintes pontos: será que estou no lugar certo? Será que estou no emprego que corresponde a meu talento? Será que quero passar a vida inteira fazendo isso?

Se você não está feliz, mude de profissão, de empresa ou aprenda mais para conseguir um emprego melhor. Não faça algo apenas por obrigação, procure sempre obter muito prazer no que faz. Viva com paixão. Quando a pessoa faz algo de que gosta, não sabe diferenciar se está trabalhando ou se divertindo.

Por mais simples que seja seu cargo, você tem a oportunidade de criar felicidade para todos na empresa. E isso se chama liderança com capacitação. Um exemplo é a dona Raquel, que trabalha conosco. Tem mais de 70 anos e é a vendedora número 1 do televendas. Trabalha em casa, autogerenciada, e sempre motiva todo mundo com seu exemplo, inclusive o presidente da empresa.

A felicidade na organização depende de você, de sua paixão pelo negócio, de sua lealdade para com a turma, da palavra amiga de conforto quando alguém passa por uma dificuldade, de sua comemoração pela vitória do colega, e pelas "puxadas de orelha" quando necessárias. Coisas simples que fazem todos trabalhar com paixão.

O orgulho de participar de um projeto que vai fazer a diferença na vida das pessoas é indescritível. Por isso, crie líderes. Você já carrega esse dom. O mundo precisa de liderança para fazer acontecer!

Posfácio

Navigare necesse est; vivere non est necesse

Por volta de 70 a.C., o general romano Pompeu, o Grande, precisava enviar uma carga de trigo da Sicília para abastecer Roma. A marujada, vendo uma tempestade que se erguia no horizonte, ficou com medo. Pediu que a partida fosse adiada. Com o propósito de encorajar seus homens, Pompeu gritou: "Navegar é preciso, viver não é preciso". O significado da ordem era o de que navegar era inevitável, mas viver não era garantido.

Em 1973, no Brasil, o deputado Ulysses Guimarães fez um discurso histórico em que utilizou o lema do militar romano ao lançar sua "anticandidatura" à presidência da República contra a do general Ernesto Geisel. Os cantores e compositores Chico Buarque e Caetano Veloso nos lideravam na década de 1970 com essa mesma mensagem no fado "Os argonautas". Fernando Pessoa, poeta português, desde muito antes, contagiava gerações. Transformava a simples ordem de um comandante de navio romano numa batuta de liderança poética, com múltiplos sentidos.

O que é a liderança, esse desafiador questionamento que José Luiz Tejon nos propõe? Liderança seria superar o tempo? Liderança, como este livro aborda muito bem, seria não prometer calmaria, mas capacitar as pessoas a enfrentar as tempestades?

"Vejam, homens, de tanto nos temer até os mares se acovardam e se revoltam; firmes seguiremos!" São palavras de Vasco da Gama, provavelmente o maior navegador português, ao incitar seus homens, em meio a um terrível temporal, a dobrar o famoso Cabo da Boa Esperança rumo às Índias. Seus marinheiros não temiam o mar. O mar é que os temia.

Uma das mais belas sínteses sobre liderança que já li refere-se exatamente à capacidade de levar potenciais talentos a trilhar transformadores caminhos novos. Liderança é conseguir que as pessoas façam de modo verdadeiro e convicto aquilo que, normalmente, não gostariam de fazer.

José Luiz Tejon, conhecedor íntimo do sucesso e dos conflitos silenciosos da nossa alma, além de experiente no convívio com os campeões, oferece uma obra conselheira e prática, para crescermos cada vez mais nessa habilidade decisiva do novo século: a arte de liderar.

Você pode pensar: eu não quero e não gosto de liderar ninguém! Não se preocupe, pois o desafio primeiro da liderança começa com você mesmo. Todos nós somos potenciais líderes. Só precisamos do momento oportuno. E, quando essa hora chegar, quanto mais preparados estivermos, maior será nossa chance de êxito.

Liderar reuniões, negociações, filhas e filhos, parentes, vizinhos, o marido, a mulher... Será que existe alguma situação em que a liderança possa estar ausente? Não. Isolado, no meio de uma montanha, você está no exercício de sua liderança com o ambiente que o cerca. Nadando no mar, sozinho, você está no exercício de sua liderança. Nessas horas, a experiência, o preparo, o respeito pelas forças da natureza, o conhecimento de si mesmo, tudo isso é fundamental – sem isso você perde, não consegue ir adiante, até sua vida está em jogo.

Tejon, em *Liderança para Fazer Acontecer*, esmiúça e comove. Remove de nossa frente conceitos estáticos de liderança. Acaba com visões parciais. Pega fundo e pra valer. Oferece também um autêntico guia de reflexões e ações concretas, de uso imediato nas situações organizacionais – em empresas e instituições, sejam elas com ou sem fins lucrativos. Ao criar este livro único, o autor apresenta uma efetiva percepção da diversidade do ser humano. E isso fundamenta e estabelece novos paradigmas.

A liderança é a busca do equilíbrio entre felicidade e lucros. É a procura de uma nova síntese perante um velho preconceito, o de que é impossível ser feliz e ao mesmo tempo obter resultados sensacionais. Liderança é o extermínio da conjunção "ou". É sua substituição pela nova maneira de conceber o século XXI: a conjunção "e".

Não há mais lugar para aquelas vozes do passado: "Ou você joga futebol ou estuda", "Ou você ama sua família ou ama seu trabalho", "Ou você fica rico ou é feliz", "Ou você se diverte ou fica sério", "Ou você ganha dinheiro ou se preocupa com a qualidade"! *Liderança para Fazer Acontecer* nos ensina a respeitar a hipótese da agregação de valor. Não somente de pessoas, mas de processos, produtos, negócios, coisas que imaginávamos ser absolutamente impossível juntar num mesmo pacote. A moderna liderança, essa pra valer, é a *arte do impossível*. O impossível que vira possível.

Tejon revela exemplos dos mais simples aos mais intrigantes. A leitura do livro é rápida, porém plena de poder carismático. Chega ao cérebro das pessoas através da rodovia do coração. *Liderança para*

Fazer Acontecer é um livro bem estruturado. É aplicável. Você pega e usa. Afinal, liderar é entregar resultados!

Outro dia, Luciana, a filha de Tejon, deu uma bela lição de liderança. Ela estava fazendo ginástica olímpica, motivada pela maravilhosa Daiane dos Santos, nossa campeã. Foi para sua primeira competição interclubes, com meninas da mesma idade. E ganhou uma medalha.

Quando o pai lhe perguntou a que atribuía o fato de ter conquistado a medalha, ela respondeu:

– Ganhei porque enquanto minhas amigas ficavam brincando na hora de fazer o exercício, eu não brinquei.

– Muito bem, isso significa que você não dispersou as energias e se concentrou na técnica, naquilo que aprendeu. E o que mais? – ele continuou.

– Bem, eu queria muito a medalha, eu queria a medalha...

– Olhe aí, foco no resultado! – disse Tejon. – Mas, então, você não pensou em mais nada? No que mais pensou no momento antes de salto?

– Eu pensei na vovó, que está no céu!

A motivação que transcende, um significado superior, compenetração, foco, um sentido maior para o que se faz! É surpreendente como uma criança de 7 anos pode virar nosso mestre quando nós nos dispomos a ouvi-la.

A leitura de *Liderança para Fazer Acontecer* é um passeio delicioso por essa fonte da juventude do prazer da arte de liderar. Nos sábados em que tocamos juntos *rock and roll* na banda Dinossauros, Tejon e eu aprendemos que a busca do melhor som é sempre um fundamento essencial. Mas importante mesmo é o que vamos encontrando enquanto procuramos. A liderança final, total e absoluta talvez não exista. Deus, com certeza, deve ser essa representação maior.

Eu me sinto orgulhoso de um autor do porte de José Luiz Tejon ter se debruçado sobre uma apostila que escrevi há muitos anos, transformando algumas daquelas idéias neste livro. A busca e os caminhos que trilharemos daqui em diante, após esta leitura, não permitirão mais que precisemos pedir àquele senhor superior e interior que nos orienta: "Pai, afasta de mim este cálice!". Digo isso porque imagino que para você a leitura do livro será como foi para mim: inspiradora.

Liderança é uma escolha. É a consciência convicta de nossa missão e da responsabilidade que temos para com os outros. Não se trata de técnica apenas; falamos de um significado maior da vida e com a obra da vida. *Liderar é preciso, viver não é preciso.*

Roberto Shinyashiki
Psiquiatra, escritor e palestrante

Bibliografia

ALBUQUERQUE, J. A. Guilhon. *Instituição e Poder*. Rio de Janeiro: Graal, 1986.

BENNIS, W. G.; MANUS, B. *Líderes: Estratégias para Assumir a Verdadeira Liderança*. São Paulo: Harbra, 1998.

CALIPER FOR PEAK PERFORMANCE. *The Qualities that Distinguish women Leaders*. Aurora Press, 26/04/2006.

CERBASI, Gustavo. *Casais Inteligentes Enriquecem Juntos*. São Paulo: Gente, 2004.

__________. *Dinheiro: os Segredos de Quem Tem*. São Paulo: Gente, 2003.

COLLINS, Jim. *Empresas Feitas para Vencer*. Rio de Janeiro: Campus, 2001.

COMTE-SPONVILLE, André. *Pequeno Tratado das Grandes Virtudes*. São Paulo: Martins Fontes, 1989.

COVEY, Stephen. *Liderança Baseada em Princípios*. Rio de Janeiro: Campus, 2002.

DAVID, Dubal. *Conversations with João Carlos Martins*. Labor Records, Inc., 2001.

DE MASI, Domenico. *A Economia do Ócio*. Rio de Janeiro: Sextante, 2001.

DE VRIES, Kets. *A Mística da Liderança*. Comportamento Organizacional e Gestão: Lisboa, 1998.

__________. *Prisioners of Leadership*. New York, 1989.

DRUCKER, Peter F. *O Líder do Futuro*. São Paulo: Futura, 2001.

EDVINSSON, Font. *Intellectual Capital: the New Wealth of Organizations*. New York: Currency, 1998.

FRIEDMANN, Thomas. *O Mundo É Plano – uma Breve História do Século XXI*. Rio de Janeiro: Objetiva, 2005.

KANT, Immanuel. *Crítica da Faculdade do Juízo*. Rio de Janeiro: Forense Universitária, 1983.

KOUZES, J. M.; POSNER, B.Z. *O Desafio da Liderança*. Rio de Janeiro: Campus, 2003.

MARTINS, Ives Gandra. *Uma Visão do Mundo Contemporâneo*. São Paulo: Pioneira, 1996.

MAUCHER, Helmut. *Liderança em Ação*. São Paulo: Makron Books do Brasil, 1996.

MAXWELL, John. *As 21 Indispensáveis Qualidades de um Líder*. São Paulo: Mundo Cristão, 2000.

MCRAE, Hamish. *The World in 2020*. Harvard Business School Press Hardcover, March 1995.

MEGIDO, José Luiz Tejon. *O "Método Stanislavski" para a Construção de Papéis: a Arte na Interpretação do Educador*. Dissertação de Mestrado apresentada à Universidade Presbiteriana Mackenzie. São Paulo, 2003.

MENEGHETTI, Antonio. *O Projeto Homem*. Porto Alegre: Psicologia Editrice do Brasil, 1999.

MINARELLI, José Augusto. *Venda seu Peixe*. São Paulo: Gente, 2000.

MORE-EDE, Martin. *The Twenty Four Hour Society*. 2nd edition. New York: Addison-Wesley, 1994.

POZO, Juan Ignácio. *Aprendizes e Mestres*. Porto Alegre: ArtMed, 2002.

RUSSEL, Berthand. *A Conquista da Felicidade*. Lisboa: Guimarães Editores, 2001.

SENNETT, Richard. *O declínio do homem público*. São Paulo: Companhia das Letras, 1988.

SHINYASHIKI, Eduardo. *Viva Como Você Quer Viver*. São Paulo: Gente, 2004.

SHINYASHIKI, Roberto. *Os Donos do Futuro*. São Paulo: Gente, 2000.

__________. *Soluções em Tempos de Crise*. Nº 1 a 10. São Paulo, 1997.

__________. *O Sucesso É Ser Feliz*. São Paulo: Gente, 1997.

__________. *Você: a Alma do Negócio*. São Paulo: Gente, 2001.

TEJON, José Luiz. *O Beijo na Realidade*. São Paulo: Gente, 2005.

TRANJAN, Roberto Adami. *Metanóia: Uma História de Tomada de Decisão que Fará Você Rever seus Conceitos*. São Paulo: Gente, 2002.

TREACY, Michael; WIERSEMA, Fred. *A Disciplina dos Líderes de Mercado*. Rio de Janeiro: Rocco, 1993.

VIEIRA, Luiz Carlos Garcia. *O Líder e a Gestão Espiritual*. São Paulo: Scortecci, 2006.

WELCH, Jack. *Jack Definitivo*. Rio de Janeiro: Campus, 2001.

WHITELEY, Richard C. *Ame seu Trabalho*. São Paulo: Futura, 2002.

WILLIAMS, Garnett P. *Chaos Theory Tamed*. New York: National Academies Press, 1997.

Contatos com o autor

tejon@tejon.com.br

Este livro foi impresso pela Paulus Gráfica
em papel off-set 75g.